かけがえのない人間

上田紀行

講談社現代新書

1936

目次

第四章　ネガティブなことに大きな価値がある

苦しんだり挫折したりの経験の重要さ／ネガティブを排除する社会／「明るくてエネルギーがない」の増加／世間的ポジティブ／胸の大きい女性、美人が持つ疑念／オートマチックな選択は交換可能な選択／神様が「落ちろ！」と準備した穴／無頼派の父と演出家の卵の母／バイタリティー溢れる母との結束、そして思春期の暗い影／母への愛憎の噴出／自分自身の否定という悪循環／母の「家族解散宣言」とニューヨーク移住／「お勉強」と「学問」の違いに気づく／展望が開けない、信頼できる友人もいない／政治運動にも心が傷つく／本気で話せば本気で聞いてくれる仲間がいる／人間には「存在感」というレベルがある／「ノイローゼの若者」はどこに行ったの？／インドで全身全霊で叫ぶ／裸の自分と出会う／日本では何かが空回り／訪れた場所にエネルギーがあるわけではない／どうやったら元気になれるのか／「人生は衝突だあ～」／幼少時の異常な体験／「虐待」と思いつきもしなかった／トラウマを客観視し乗り越える／父の不在が私の人生を生み出した／人生には大なり小なり「ヘン」がある／人生の宝物

第五章　愛されるより愛する人になる

プロローグ

交換可能でない「私」

私たちのかけがえのなさを取り戻すこと。
社会の信頼を取り戻すこと。
すべてがそこから始まります。

人間はみんな「使い捨て」なのか

この本で私が伝えたいこと、それは私たち一人ひとりは誰もがかけがえのない存在だということです。

そして私たちは決して「使い捨て」なんかではないということです。

そんなこと、分かりきったことだよ、と言う人もいるかもしれません。私たち一人ひとりがかけがえのない存在だなんて、あまりにも当たり前なことで、言う必要なんかないことだ、と。

しかし、いま私たちの周囲を見回してみて、本当にそう言い切れるでしょうか？　私たち一人ひとりは、かけがえのない存在として扱われているでしょうか？　そして、あなたは自分自身をかけがえのない存在だと思えますか？

ショッキングな話を聞きました。小泉純一郎氏が首相を辞めたあと、いわゆる「小泉チルドレン」に向かって、「政治家だって使い捨てだ」と言ったことを覚えているでしょうか？　未来の保証なんか何もない。議員も所詮使い捨ての存在なのだと言ったのですが、そのときワーキングプアと言われる、経済的に苦況にある若者たちの間で小泉人気が急上昇したというのです。ある政党の関係者から聞きました。

不況下で定職に就けず、低賃金のフリーターとして働かざるを得ない、まさに「使い捨て」の扱いを受けている若者たちはこの発言に共感を覚えたというのです。僕たちだけでなく誰もが使い捨てだということを、小泉さんはよく分かってくれているんだ。この社会の中では、政治家だろうがフリーターだろうが、人間はみんな使い捨てなんだ。そのことをはっきりと言ってくれたことで、支持が高まったというのです。

「僕たちは使い捨てじゃないんだ!」「私たちが使い捨てになっているのは、あなたたちの政治が悪いからじゃないか」と、怒りの声をあげるのではなく、「そうだ、みんな使い捨てなんだ」という方向で納得してしまう。私はそのことに大きなショックを受けました。そして、その時に思ったのです。「このままだと、私たちの社会はたいへんなことになる。取り返しのつかないことになってしまう」と。

「一人ひとりがかけがえのない存在だ」というのではなく、「人間は使い捨てだ」が標準になってしまう社会とはどんな社会でしょうか? 親は生まれてきた子どもに「お前は使い捨てとして生まれてきたのよ」と言い、学校の先生は生徒に「君たちは使い捨てとして社会に出ていくのだ」と教えるのでしょうか？「自分はどうせ使い捨てだ」と思っている人たちが作り上げる社会では、いったいどんなことが起こるでしょうか？

しかしそのことが現実となりつつあるのです。

「透明人間」化する日本人

「私のかけがえのなさ」の感覚が失われつつある。そう思わないでしょうか？

かけがえのなさ、それは単に大切だということではありません。他の何とも代えがたい、そのもの自体が価値ある尊いものだということです。しかし、この社会で私たちが向かい合っているのは、本来は他の誰とも取り替えようのない「私」が、どこまでも他人と交換可能な存在になってしまいつつあるという状況です。

「私は誰か別の人の人生を生かされているような気がする」とか、「私なんかいなくたって世界は何も変わらない」と感じたことはないでしょうか？　私は生きていろんなことをしているけれども、べつにこんな私なんていくらでもいるじゃないか、という感覚が一般的になってきているのです。若い人たちの自己紹介で、ある時からこんなパターンが増えてきました。「はい上田でーす。オレってそこらへんの街を歩いてるどこにでもいそうな奴なんでどうぞよろしくお願いしまーす」とか、「私はそこらへんにいくらでもいそうな女の子ですので」とかいうのです。これははたして自己紹介でしょうか？どこにでもいそうなお前を強調してどうするんだ、それは自己紹介でもなんでもないだろう、と私などは思ってしまいます。

しかし、この自己紹介は私たちの社会の傾向を表現しています。何か他の人と違うことをやっています、こんな特技があります、などと言うと、「なんだよお前目立とうとして」とか、「あの人と話すのは難しそう」とか、「僕たちと違う、って言いたいんだ」と言われるのではないか。

何といっても流行語が「空気読め」という時代です。いつのまにか、私はこんなふうな人間ですと胸を張って自分を紹介することが、集団の中で何か後ろめたいように感じてしまう社会になってきたのです。

『生きる意味』（岩波新書）という本の中で私がまず書いたのは、一人ひとりの日本人が透明な人間になってしまっているということでした。

「透明な人間」というのは、一九九七年に神戸連続児童殺傷事件を起こした少年、彼は酒鬼薔薇聖斗と名乗っていましたが、彼が新聞社に送った声明文で、「私は透明な人間である、けれども私は実在であることを認めて欲しい」、と表明したことからきています。このことばに当時の子どもたちが大変共感したのです。「私も透明人間だ」という投書が新聞社に殺到したといいます。

それは、誰もほんとうの自分のことを見てくれていないという「透明人間」であるともに、周囲の人が私を見れば見るほど私が透明化してしまうという「透明人間」でもあります。つまり一人ひとりは自分の色があったりにおいがあったりするからこそ個性的であるのに、先生や親は、自分の色やにおいとか、そんなことを言っているよりも少しでも勉強して点数を上げなさいと言う。そして友達からも、自分の色を出したりにおいを出したりすると、なんかお前くさすぎるよそれは、と言われたり、もっとスマートに生きろよと言われてしまう。だから、自分を脱色、あるいは脱臭しなければならなくなっている子ども達が多いのです。

そうやってでき上がる人というのは、非常にのど越しのいいお酒のようなものです。あまりくせがなくてするすると飲めて、誰からも「あなたって一緒にいて抵抗がなくてとってもいい人ね」と言われる。誰からも愛されて空気が読める、その場に自分を溶け込ませていくことができるいい子だというわけです。

そういう人は、面倒なことを言い出したりはしません。そういう意味ではたしかにいい人です。会議をするにしても、自分の色やにおいがあって自分の意見を言う人がいると、またあいつがいたから会議三十分延びたよ、ということになってしまいます。

これといった意見を述べるわけでもなく、意見を聞かれてもはいはいとだけ言っていて、様子をうかがっているような人がいます。みんなの意見がそっちへ行きそうだなという雰囲気になったら、はい、私もその意見に賛成です、と言う人、こういう人がいい人だということになります。

しかし、周りの人と抵抗を起こさずにいられる人、この人はいい人だと思われるような人は、実は大きな病を抱えています。それは、自分が交換可能になってしまうということです。

ある時自分の交換可能性に気づいてしまう

自分の色を消し自分のにおいを消してしまった透明人間は、他の透明人間と容易に交換が可能です。

個性的な人間というのはなかなか交換できません。「あの人の近くに行くと、いい人はいい人なんだけどちょっとくさすぎて疲れるなあ」、とか、「あの人いい人なんだけど色が強すぎて、ちょっと近づいては離れるっていうふうにしないとこっちまで染められちゃいそうだなあ」とか、においや色が強い人は言われてしまうこともありますが、やはり個性のある人というのはそういうものなのです。余人をもって代えがたい、あのにおいが出せてあの色を持っている、ということにおいて代えがたいのです。アーティストとかを見ても、すごいにおい、すごい色を発している人が多いことに気づくでしょう。

もっとも、交換可能なにおいや色というのもあります。部下に威張り散らす強烈なにおいを持った上司同士は交換可能だったりします。またこのタイプのくさい上司が来たよ、ここできっと同じような説教するに決まってる、と思っていると果たしてまた同じような説教をする、とかいったことはあります。これはあまり個性的なにおいとは言えないですが、本人だけが自分は個性的だと思っているのでタチが悪いということもあります。

いずれにしても、いい子であろうとする、周りと抵抗なく過ごしていい評価をもらおうとすることだけに一所懸命になって自分を脱臭・脱色していくと、私たちはどこまでも交換可能な、自分らしさを見失う方向へ向かっていくことになるのです。

他の人から評価をもらいたいなら、自分をさらけ出し、自分のかけがえのなさで勝負すればいいのですが、私たちの多くは自信もないし、自分のかけがえのなさがどこにあるのかも分かっていませんから、自分を脱色・脱臭して、私は誰にでも合わせることができます、空気を読むことができます、自己主張も強くありません、私というのは大した人間ではありませんからどうぞよろしく、と下手に出て評価を取ろうとする人が圧倒的に多くなってしまいました。

しかし、そういう人たちは、ある時自分が交換可能だということに気がついてしまいます。そして困ってしまうのです。私のような人間はこの世の中にどこにでもいる。何かあればすぐ誰かと交換されてしまう。他の人は私が他の人と交換されても何も困らないと気づいて、愕然とするのです。

「交換可能」の反対語が、「かけがえのない」ということです。それは人と人とが交換可能でない、とも言えるし、人とお金が交換可能でない、つまり私の価値はお金ではないということでもあります。私はモノとも交換可能でない、私は単なる学歴でも会社の役職でもありません。私自身がかけがえのないものなのです。

その「かけがえのなさ」がこの社会から失われつつあります。すべての人が、自分はいつか交換されてしまうんだろうな、とどこかで感じているような状況になっています。いつ交換されるかわからないという感覚のもっとも厳しい言い方が、「消耗品」であったり「使い捨て」であったり、ということでしょう。

自分は他の似たような人といつでも交換可能である、賞味期限が切れればその時点で使い捨てられてしまう、捨てられたらもう拾われることはない、交換可能性のなれの果てに、使い捨てという感覚が出てくるのです。

そうした人間の交換可能性というのは、実は最近突然に生まれたものではありません。むしろ日本の近代教育は、交換可能な優秀な部品をどれだけたくさん作っていくかという方針であったことは間違いのないところです。日本の企業にしても、いつ転勤の辞令を出しても大丈夫といった、交換可能だが優秀な人たちを養成することで戦後の経済成長を実現させてきたところがありました。私たちはずっと交換可能な人材として育てられてきたのです。しかしそれが問題にならなかったのは、経済が絶好調だったからです。どんどんお金持ちになる、生活が向上するという時代には、「みんなで一緒にお金持ちに」で良かったのです。ところが経済が右肩上がりでなくなった時に問題が一気に噴出してきたのです。

「勝ち組・負け組」は平等な競争の結果なのか

それにしても、これほどワーキングプアやネットカフェ難民と呼ばれる人たちが増えているのに、日本にはどうして「怒り」の声が挙がらないのでしょうか。ワーキングプアと言われる、非正規雇用でしか働けない人たちの多くは、単にその年代に生まれたから貧しい暮らしを強いられているのであって、もし生まれた年がずれていれば、そうはなっていない人たちです。こうした、自分の責任とは到底言えないアンラッキーな出来事、予測不可能な苦しみを救うためにこそ、政治が存在しているのです。景気がいい時代の世代が優遇され、不況に行き合わせた世代がいくら貧乏になって苦しんでいても見向きもしないというのでは、それはもはや「国」でも「政府」でもありません。

景気がいいときに就職期を迎えた世代は、かなりの「ボンクラ」でも企業のほうからお出迎えが来て恵まれた就職をし、一転して不況になると優秀な人材でも就職ができない……、これは明らかに不条理なことです。その状況に対して政府が何もしないのであれば、暴動が起きてもおかしくない、暴動が過激すぎるなら、強い「怒り」の声が挙がっても不思議でないはずです。しかし、現実はそうなっていません。

そこで不利益を被っている若者は、それでもそこには公正な競争があり、自分たちはその競争に参加して、その結果こうなっているのであるから、結果は受け入れざるを得ないと考えているのではないでしょうか。「それでも同じ世代で成功している人がいる」、という声を聴きます。確かに、同じ世代でもディーラーになって年収何億、という若者は現実に存在しています。同じ状況、同じ世代で億万長者になっている人もいるわけです。だから、ワーキングプアになっているのは、自分の自己責任だ、と言われるし、自分でもそう思ってしまうのです。

しかし冷静に考えてみてください。それは平等な競争だったでしょうか？　自分が努力をすれば報われるという、公正な競争だったでしょうか？　もしチャンスが誰にでも平等に与えられ、結果もそこそこの範囲でおさまっていれば、健全な競争でしょう。しかし、例えばひとりの億万長者を生み出すために、他の大部分の人々が負けなければいけないといった競争は、公正な競争と言えるでしょうか？　それは、一〇〇人がエントリーした一〇〇メートル走で上位三人だけに多額の賞金が出るレースにも似ています。

確かに皆に開かれた競争は行われています。スポーツならばそれでもいいでしょう。しかし日々の生活がかかっている場で、勝ち組三人を生み出すために他の人たちは選外になるといった競争は、とても公正な競争とは言えないのです。なのに、勝ち組と負け組に分かれてしまうのは平等な競争の結果であり、自己責任であるという論理は、まさにとんでもない詭弁《きべん》なのです。

世界を見てみても同様です。今の世界情勢は、経済的な勝ち組が一、負け組が何百、何千というレベルです。そして、最初から貧乏で教育も受けられない人に経済的に勝つ機会は与えられておらず、格差は拡大するばかりです。にもかかわらず、それは公正な競争の結果なのだから、と言ってしまったら、「冗談じゃない」、と誰でも言うはずです。機会を与えられていない場所に生まれ育てば、誰だって、「こんなゲームはインチキだ」、とテロリストになってしまう可能性はあるのです。

そんな単純な理屈もわからずに、「競争は平等に行われたんだから、問題があるとすればそれは自分のほうだ」、と言って自分のほうに問題を引き取って、それは全て私に原因があります、と納得している人たちがたくさんいます。これはあまりに理不尽な状況だといえるでしょう。

「信頼の崩壊」

若者たちにすれば、今の低収入で働かされる状態であっても、友達と携帯メールをやりとりしたりしていれば何となく馴《な》れ合えるし、空気を読みながら合わせていれば居場所もあるし、コンビニや一〇〇円ショップで買いものする毎日でも、どんな安いものを買ってもお客様だから「いらっしゃいませ」と言って笑いかけてもらえる。まあそれでもいいか、それ以外の可能性もないし、ということなのかもしれません。

それは、ローリスク、ローリターンの生き方です。リスクを取ろうとするとたいへんハードなことになるし、リスクを取ろうにもその可能性すら奪われている。だからリスクも少なく、リターンも少ない、縮小した均衡点で生きていこう、と。

しかし、この生き方は実はたいへんハイリスクな生き方なのです。そういう人が増えれば増えるほど、勝ち組にとってはやりたい放題の最高の社会になります。すでに利権を握ってしまった勝ち組にとって、この状況は万々歳なのです。

この数年にわたって行われてきた「構造改革」は、利権を握って儲《もう》けている人たちを攻撃し、その構造を破壊すると声高らかに宣言しました。しかしはたして、利権を握っていた人たちはいなくなったのでしょうか？　多くの人たちは未だに手元の利権を使い、相変わらず利益を上げています。そういう人たちは情報や縁故を最大限に使うことで負け知らずですから、内輪の人間たちでタッグマッチをしていれば何も損はしません。そして構造改革は、彼らにそれまで以上の、言わば王様の力を与えたということになります。

その中で、ローリスク、ローリターンの生活をして、怒りの声もあげず従順に暮らしていることは、結果として非常に大きなリスクを伴う生き方なのです。将来の保証は何もない。お墨付きを与えられた利権層は野放しに自己の利益を追求していきます。小さな世界の空気を読みながら、そこで縮小した世界を生きることは、社会全体の中での自分自身のリスクをどんどん増大させていく行為なのです。

こういった問題が顕在化してきた日本社会で、今いちばん根本にあるのは、日本社会が、社会の中での「信頼」というものを失いつつある、ということです。一人ひとりが、自分自身をかけがえのない人間だと思うことができなくなってしまい、「自己信頼」を失ってしまっている。そして社会の中に本来あるはずの「社会に対する信頼」も失われている。

しかし、自分も信頼できない、社会も信頼できない、そんな状態で人間は生きていけるのでしょうか？

その答えは、断じてＮＯです。

そんな状態では人間は生きていくことはできません。そんな社会では重大な問題が次から次へと起きてきます。

人の心が壊れはじめたのか……、と思えるような事件がこのところ日本では次々と起こってきています。それらの事件の背後には、この「信頼の崩壊」があるのです。

第一章　ダライ・ラマの愛と思いやり

人間と社会は、愛と思いやりが支えているのです。
そして、愛と思いやりがあればこそ、
私たちは社会的な不正に怒りを持つのです。
（ダライ・ラマ）

人はなぜ集まりたがるのか

二〇〇六年十二月、私は、ノーベル平和賞受賞者であるダライ・ラマ14世（一九三五年生まれ。チベット亡命政府のリーダー）と、ヒマラヤを仰ぎ見るインドのダラムサラでお会いする機会を得、二日間にわたって対談をさせていただきました。世界で起きている様々な問題の根源はどこにあるのか。そして二十一世紀社会はいかなる方向に進んでいくべきなのかが、そのテーマでした。最初の予定では、対談は一日一時間と決められていたのですが、対談が白熱して終わらなくなり、どんどん時間が延長されて、二日間で五時間もの対談になりました。そして私は、世界で最も有名な宗教者であり、全世界の精神世界のリーダーともいうべきダライ・ラマから、強烈なインパクトを受けました。（『目覚めよ仏教！――ダライ・ラマとの対話』NHKブックス）

現実社会の中のいろいろなことと関わっているとなかなか見えなくなってしまうような、人間の根本とはなんなのか、また、社会の根本にあるものはなんなのか、ということを、本質をとらえてざっくりと言う、言い切る、これこそが宗教者としてやるべき重要なことだ、ということを痛感しました。

ダライ・ラマは、我々の社会の根本にあるのは、「愛と思いやり」なのだ、と断言されます。そこから全てを考え始めなければならないといいます。

人間は、戦争をする人でも、人をだましてお金を手に入れようとする人でも、ただひとり孤独に生きている人はいません。家族とともに生きたり、友達と共に生きたり、村をつくったり町をつくったりして生きていく。それは、人間は人と一緒に生きたい動物であり、言い換えれば、人間は社会的動物であるということなのです。

私たちはどうして集まりたがるのでしょうか。それはやはり、人間が生きていく上で、愛情とか思いやりを必要としているからです。誰も傷つけ合いたいから一緒に生きているわけではないのです。人間どうしを結びつけているのは、何よりも愛と思いやりなのだということから出発しなければいけません、とおっしゃいました。

言われてみれば、こんなことダライ・ラマに言われなくたってわかっているよ、と言いたくなりますが、実は意外と、私たちはこれがわかっていないのです。

人はみな愛と思いやりで結びついている、他人が好きだから集まっている、と私たち日本人は言い切れるでしょうか。愛と思いやりが社会の根底を支えているのだと言われると、そんなわけないだろ、と思ってしまうのではないでしょうか。

　今の日本人のニュートラルな感覚はどんな感じでしょう。とにかく今周りにいるこの人たちとどうにかして一緒に生きなきゃいけない。そこからはずれるのは怖い。とても信用なんかできなくて、何か落ち度があるとするとすぐ責めたり、悪口を言ったりするような人や、付き合っていくとうっとうしい人たちがたくさんいて、いやな人たちもたくさんいるけど、何とか一緒に生きていかなければ。まあその中に数は少ないけれどもちょっと友達というか気の合う人たちもいるし……、こういう感覚なのだと思います。

　日常に出会うだいたいの人はうっとうしくて、毎日コミュニケーションをとっていくのがけっこうつらい、その中で、どうにか対処して、何とか嫌われずにこの社会の中に留まっていこう、という感じの人が増加しているという感触を私は持っています。

「利己的利益」を増大する社会

　しかし、「私は嫌な人たちに囲まれて生きている、ちょっとでもミスをすれば責めたり悪口を言ったり、私を見捨てるような人たちに囲まれて生きている」と思って生きている人と、「私は愛と思いやりに満ちた人に囲まれて生きている」と思って生きている人のどちらが幸せでしょうか？

そう考えてみれば、どう考えても「愛と思いやりに満ちた人」に囲まれていたほうが幸せに決まっています。私たちが「愛と思いやりに満ちた人」に囲まれて生きているのであれば、その人生は最高に幸せな人生だと言えるでしょう。

愛と思いやりを持つ、というのは利他的である、と言い換えることもできます。また、そのような人間関係ではおたがいの間に信頼の絆《きずな》が結ばれていると言うこともできます。

もし私たちが利他的な人間に囲まれているのであれば、私が困ったりトラブルに巻き込まれたとしても、周りにいる人たちは利他的な人たちですから、心の底からの思いやりをもって私のことを助けてくれるでしょう。私もまた他の人がトラブルに巻き込まれたら、その人を助けることを自分の喜びと感じて行動することになるでしょう。ですから、利他的な人が多い社会では、私たちの不安といったものは目に見えて軽減していくことになります。この社会が愛と思いやりの流通する場所になったら、どれだけ私たちは幸せに生きていけるだろうか、と考えてみれば、ダライ・ラマのおっしゃっていることはあまりに正しいという他ありません。

憎しみやねたみをたくさん流通させるよりも、愛と思いやりをたくさん流通させられる社会になれば、私たちはとても幸せになる、すばらしい社会になる。それは当然のことです。

そしてそう言われて振り返ってみれば、確かにいろいろとうっとうしい人や、一緒にいて楽しくない人もいるけれども、しかし、誰もが不幸せになりたいと思って生きているわけではありません。誰もが幸せになりたいと思って生きているわけです。

苦手な人もたくさんいるけれども、周りの人から愛と思いやりをもらったりしたらどんなにうれしいことだろうか、とは誰もが思っているし、同時に自分自身の愛や思いやりを周りの人に受け取ってもらえたら、どんなにうれしいことだろう、そう心の底では考えているのではないでしょうか。

しかし、私たちの社会で現実に進行しているのはまったく反対方向の動きです。そうやって社会の中に信頼を築き上げていこう、利他的な人を増やしていこう、愛と思いやりに基づく社会にしていこう、というのと逆の状態になっていると言わざるを得ません。愛と思いやりを高めていこうというのではなく、利己的な利益というものをいかに最大限に増大させていくかが大切なのだ、そういう方向で動いているように見えるのです。新自由主義とか市場原理主義など、最近の構造改革の基盤となる考え方は、まさにこうした方向を目指しているものでした。

他の人は信頼できないものだ。あなたが困っても誰も助けてくれないことをよく認識しなさい。だから、他の人の力にできるだけ頼らずにやっていかなければいけない、というわけです。そういう社会では、当然、周りの人は信頼できないから、自分の老後が大変不安になります。老いても、病気になっても、誰も助けてくれない、だから家の地下室の甕《かめ》の中にたくさん小判を貯め込んでおかなければならない。貯め込めば貯め込むほど私の人生は安心に満たされていくに違いないと思うのです。

これは一見安心に見えますが、実は大変不安なことです。どれだけ貯め込んでもまだ足りないように思えて、いつでも不安になってしまう。周りの人の方がたくさん貯め込んでいるのではないかと、心が安まる暇がないのです。

例えばどんな国の昔話とかを見ても、同じことが書かれています。自分ひとりで貯め込む人間、他の人を信頼できなくなって自分さえ貯め込めば安心なんだと思っている人の安心というものが、いかに小さな安心にすぎないか、どれほど大きな不安がそこには隠されているか。そうした不安を抱えた人間が、他者に対していかに暴力的になり思いやりのない人間になってしまうものか。

そういう人は、目の前に倒れている人がいても助けずに、自分がいかに貯め込むかということだけしか考えられなくなってしまいます。その人は自分も幸せではないし、そういう人が増えれば、社会全体がどんどん不幸になっていきます。そういう状態からは絶対幸せは得られないということは、長い歴史の中で築き上げられてきた、人類の智恵ともいうべきものなのです。

「生老病死」は誰にでも起こる

ところが今の社会では、人類の智恵とはまったく反対の考え方のほうがデフォルト（初期設定）になりつつあります。周りの人を信用してはいけない、周りの人は自分がトラブルに巻き込まれたり危機的な状況になったとしても誰も助けてくれない、そういうことを基本にして、全ての人生をやっていきなさい、と言われるのです。

そのことに対して生身の私たちは、心の奥底では、「えー？　そんな社会を求めてるんじゃないよ。そんな中で生きていくのは厳しすぎるよ」、と異議を唱えているはずです。

しかし世界の流れはそうなっているんだよ、とか、愛と思いやりなんてことを言っていては国際的競争力がなくなってしまって日本はどんどん弱い国になってしまう、国内的にも、甘ったれて依存ばかりして税金ばかり使うような人が増えていってしまう、と言われてしまいます。自分たちの税金も無駄に使われ、あなた自身の生活のレベルも低下してしまうよ、というのです。

しかし、そこには論理のすり替えがあります。例えば、年老いて病気になった人を税金で助けることは、税金の無駄なのでしょうか？　むしろ、それこそが税金を使うべきところなのではないでしょうか。周りの人はみんな信用できないと思って暮らしている国のほうが、周りの人は愛と思いやりに満ちていると思って暮らしている国よりも強い国なのでしょうか？　どう考えても、その反対なのではないでしょうか。

誰だって年を取れば老いていくわけです。まさに誰だって、です。そして誰だって病気になるわけです。そして人生の最後には誰だって死が待っています。

仏教ではそれを「生老病死《しょうろうびょうし》」と言います。生の苦しみ、老いの苦しみ、病の苦しみ、死の苦しみがあるのだと。なぜ仏教の教えを説き始めたお釈迦様がそれを問題にしたかといえば、それらの苦しみは誰にでも必ず起こることだからです。

誰にも起こることにもかかわらず誰でもそれを苦しみだと感じている。百パーセントの人間が死ななくてはいけないのに、死を苦しみと感じるのでは苦しいだけでしょう？ と仏教は言うわけです。

必ず起こることにもかかわらずそれを単なる苦しみだと感じてしまえば、人生は苦しいことばかりになってしまいます。その苦しみをどうにかしていくことから、幸せへの道が開けていくのです。

ダライ・ラマが説く智慧と慈悲

そのためには、まず第一には、それを苦しみだと思ってしまう私の考え方の誤りを正していくことです。物事は変化をしないものだと考えてしまう誤りに気づいて、すべてのものは変化の中にあるということ（諸行無常、といいます）に気づく。物事が単独で存在していると考える誤りに気づいて、すべてのものは関係、つながりの中で存在しているのだということ（諸法無我、といいます）に気づく。そうやって世界をありのままに見ていくことで、苦しみを生み出す、間違った考え方から脱出を試みます。それが智慧の獲得です。正しく世界を見ていく方法の獲得といってもいいでしょう。そして、第二には、愛と思いやりを持ち、苦しんでいる人に対して、何とかしたいと行動を起こすことです。それが慈悲の実践です。

ダライ・ラマも、智慧と慈悲の両方が重要だとおっしゃいます。そして、もちろんたくさん勉強して、修行して智慧を獲得するのも大切ですが、智慧があっても慈悲がなければどうにもならない、いくら頭が良くて、勉強ができても、愛と思いやりがなくては何にもならないと、慈悲、つまり愛と思いやりを強調されるのです。

ダライ・ラマは、苦しんでいる人に対して、そこで誰かが優しくしてあげるということほど、苦しんでいる人たちを救うことはないのではないかと言います。

お金がなくて医療を受けられないのであれば、当然医療を受けることができるようにしなければいけません。そしてそれでも避けることのできない「生」「老」「病」「死」の苦しみに対しては、そこに一緒に寄り添ってあげることがいちばんだと言うのです。犬だって猫だって、動物たちは傷ついた家族に寄り添って、その傷を舐《な》めたりして癒していくるではないか。人間だって、いちばん求めているのは、そういったものではないのか、と言うのです。

そういうふうに誰かが自分のことをかまってくれるということが、人生のトラブルに見舞われた時にいちばん大切なのではないか。愛と思いやりというのは、私たちの生物学的次元においても、最も必要とされていることだとダライ・ラマは言うのです。

人間は互いに寄り添って、一緒に生きていく社会的動物である。そして人間社会のすべての基盤は、愛と思いやりにあるのだ。だからそこから出発して全てを考えていかなければいけない……。

ヒマラヤの麓《ふもと》のインド、ダラムサラ（チベット亡命政府の所在地）で、ダライ・ラマからその言葉を聞いて、私の心はまさにヒマラヤの青空のように晴れ渡っていくような気がしました。強い者が威張って当然だ。弱い者は切り捨てろ。人間みんな使い捨てなんだ……。そういった言葉ばかりが流通し、それが社会の基本であるかのように言われる中で、私の心もずいぶんと弱っていたのだと気づかされました。そんなはずはないのに……と、虚《むな》しい思いにずっとさいなまれていたのです。

そして宗教者というものは、ダライ・ラマのように、世界でいちばん大切なこと、根本的なことをバン、と言うこと、そして自らそれに邁進《まいしん》することこそが大切なのだと痛感しました。

愛情深い親子関係から学ぶ「愛と思いやり」

私たちの社会の基盤には、愛と思いやりがあって、この二つが何よりも大切なのです。

逆に言えば、そのことが崩れてしまえば、人間社会はひどい世界になります。社会的動物でありながら、その社会性のレベルがとてつもなく冷酷なものであれば、人間は苦しむために生きる動物になってしまうのです。

社会の根本に、「愛と思いやり」を置くのか、それとも、お前はだめになったらすぐにいなくなっていいよ、というような、「使い捨て」の思想を置くのかということは、私たちの社会の中でいちばん大きな問題なのです。そのことが、いま問われているのです。

それは社会の問題であり、一人ひとりの意識の問題でもあります。

ダライ・ラマはそうした「愛と思いやり」は、まず愛情深い親子関係の中で築かれていくものだとおっしゃっています。この社会に生まれて最初に母親の大きな愛に出会う。その安心感、信頼感の中で、人間は根本的な「愛と思いやり」を学ぶのだというのです。

私の友人に佐倉統《おさむ》という学者がいます。東大の教授をやっていて、『進化論という考えかた』（講談社現代新書）などの著書もある彼が、ある時私との対談でこんなことを言っていました。

小学生の学力が低下したとか言われているけれども、テストの点数に一喜一憂するよりも、もっと大切なものがあることを忘れてはいけない。小学校六年までの教育では、周りにいる人間が仲間なんだ、という意識を身につけることが決定的に重要なんだよ。人間はその仲間意識さえ持っていればそれからの人生は大丈夫なんだから、と言うのです。

自分の周りの人間は、みんな仲間で信頼できるんだ、という感覚を小学校の六年生までに得られれば、そのあとで人生にかなりの問題が起こってきて、相当な負荷がかかっても、人間は大丈夫だ。壊れない。しかし子ども時代に信頼というものを築き上げられなかった人たちは、その後の人生でたいへんなことになる。自分が調子がいいときはいいけれども、人生がピンチになったときに、いろんな問題が噴出してくる。キレて他人に暴力的になったり、自分自身に暴力的になったり、たいへんなことになるというのです。

学力不足が問題だと言うけれども、周りの人に対する信頼という人間の土台こそがいちばん大切なのです。その信頼の土台があったうえでいろいろな負荷がかかるのと、信頼がなくて負荷がかかるのとでは全然違う話なのだ、ということを考えなければいけません。

仏教も「競争」

ダライ・ラマとは、競争についても議論をしました。

私は質問しました。私たちは競争について思い違いをしているのではないでしょうか。よく「競争社会」は悪いとか、逆に「競争こそが必要だ」とか議論されていますが、その議論はどちらも大切なことを見逃していると私は思います。それは競争には二つの種類があるということです。

一つめの競争は、仲間同士の競争です。例えば柔道や剣道の稽古をやっていて、稽古仲間のあいつには負けないぞ、と言って身体を鍛えて、技を磨く、というふうに仲間、ライバルと競争するのは、「お互いを高め合うための」競争です。あいつが毎朝走ってるから俺も走って頑張らなければ、というような競争です。互いに互いを励まし合うような競争です。

しかし二つめの競争は、敵に勝とうとする競争です。この競争の目的は勝者と敗者を決めることです。勝者は勝ち組でバンザイだし、敗者は負け組で、相手にどうされても仕方がない。勝者に屈服して、勝者の言いなりになるというものです。

今の社会には後者の競争観がはびこっていますが、それを競争ととらえるのは全く間違いなのです。後者の競争は、征服して負けた奴は奴隷になれ、というわけですからまさに戦争です。負けた人間は奴隷だ、お前の人権は認めないぞ、というのは近代以前まで戻ってしまうようなあまりにひどい競争観です。

同じ競争と言いながら、二つはまったく違います。しかし、いま大手を振って主張されている競争は、まさに戦争のような、勝ち負けを決めるための競争なのではないでしょうか。勝ったのだからオレはすべてを手に入れて当然だ。おまえは負けたんだから、そんなみすぼらしい境遇に甘んじるべきなのだ。そういった不毛な競争は、互いに互いを高め合うような、実りある競争とはほど遠いのではないでしょうか。私はダライ・ラマにそう質問したのです。

それに対して、ダライ・ラマもまったく同感だとおっしゃいました。そして意外なことをひとつおっしゃったのです。

それは仏教も競争なのだということでした。仏教では、三宝《さんぽう》に帰依《きえ》するということが、仏教徒の基本になっています。三宝とは、お釈迦様、お釈迦様の教え、そしてその教えをつないでいるお坊さんの集団の三つです。この三つに帰依することを、三宝に帰依する、と言います。しかし、この「帰依する」というのは、その三つに依存し、おすがりするということではなくて、実はその三つに競争心を持つことだというのです。

あのお釈迦様のようなすばらしい人になりたい、と決意して、自分もお釈迦様と同じ修行をし、学問をして、清らかな心になろうと努める。お釈迦様のように愛と思いやりをもって人々を救えるような存在になりたいと努力する。そういう競争心が仏教の根本にはあるというのです。お釈迦様という、スーパーな人間とライバル関係を結ぶことによって、自分をもっと高めていこうという決意を持ち、実践していくのが仏教なのだ、というのです。

これには驚きました。お釈迦様がライバルなのか！　私は、そんなことを考えたこともなかったのです。しかし考えてみると、すばらしいライバルに恵まれた人生は、幸せなものです。「あいつがいたから、私はここまでがんばることができた」とよく聞きますが、それは幸福な競争がいかに大切なものかを物語っています。

しかし、現代の競争は、勝者と敗者を生むものになり、それは相手を傷つける行為であると、ダライ・ラマはおっしゃいます。そうやって相手を傷つけると、相手の中に恨みの心がかならず残ります。そして恨みの心は自分を傷つけた相手に復讐しようという心を生み出します。

ですから、そうした競争は社会の中により多く問題を生じさせることになります。仲間同士お互いに高め合っていこうというような、社会全体を良くしていこう、私とあなたも一緒に高め合っていこうというような、ポジティブで相乗性のある競争とは正反対の、破壊的で暴力的な競争です。その二つの競争観は、きちんと区別しなければいけません、とダライ・ラマはおっしゃったのです。

先ほど述べた佐倉君の言葉を繰り返しますと、同じ仲間である、友達なんだということが、子どものときに人格の根本に根付いていれば、それからの人生はたいていのことが大丈夫なのです。そうすれば、その後に競争になっていっても、勝ち負けが生じても、お互いを大切にできます。オレたちは自分を高め合うために競争しているんだ、ということを基礎において、互いに励まし合いながら競争をしていけるわけです。

ところが今はそうした仲間の意識を持つことのできない子どもたちが増えてきている。そして、あたかも戦争であるかのような、勝ち負けを決める競争がそこに襲いかかってくる。そして、負け組を誰も助けてはくれない。使い捨てです。それでは、キレる人が出るのが当たり前です。鬱病になって仕事に行けなくなる人が生まれるのも当たり前でしょう。

このままでは、すべての人がすべての人の輝きを消していくような社会になってしまいます。何のために生きているのかと、ため息をつきながら暮らすような社会になってしまいます。しかし、もし本当に愛と思いやりが人と社会の根本にあって、みんなが仲間だと思えれば、競争ですら励まし合う関係にすることは可能なのです。

二つの怒り

それでは現実の社会の問題にはどうやって向かい合っていけばいいでしょうか。戦争があったり差別があったり、社会的正義が守られていなかったり、様々な問題を抱えているのが現代です。そのようなことに対して、私は強い憤《いきどお》りを持たざるをえません。怒りといってもいいかもしれません。しかし、多くの宗教者は怒りは良くないことだと言います。日本の仏教のお坊さんでも、怒りや憤りを持つのは仏教的ではないと言うような人たちがたくさんいます。どんなことがあってもニコニコ暮らすのが悟りの道ですよ。そんなことで怒っていてはまだまだ修行が足りないね、と。

社会的不正に対する怒りについてはどう思われますか、と私は聞いたのですが、その質問に対するダライ・ラマの答えにも驚かされました。

宗教者は、そして仏教者は、社会的に正しくないこと、差別や暴力に対して、断じて無関心であってはいけない。愛と思いやりのある人間であれば、人間に苦しみを与えている社会的不正義や差別に対しては強い怒りを持つのは当然である。そしてその怒りを原動力にして、自分の勉強や修行にもいっそう励み、怒りを強い決意として、より良い社会に変えていこうという実践活動をよりいっそう進めていくのだ、というのです。

宗教者は怒るべきだ、というのには、ほんとうに驚きました。

しかし、どんな怒りでもいいのではありません。怒りには二種類あるというのです。一つは慈悲から生じる怒りであり、もう一つは悪意から生じる怒りです。

かけがえのない、尊重されるべき人間が危険に瀕していたり、苦しんでいたりする、ということに関して、どうしてそんなことが起きるのだと感じる怒りは、その人への慈悲、すなわち愛と思いやりから生ずる怒りです。それは誰かを傷つけたいというような悪意から生ずる怒りではありません。そういうふうによりよくしたい、その人がもっと輝いて欲しい、という動機から生ずる怒りは正当であり持つべき怒りなのである、ということです。

例えば、子どもが毒にさわろうとしたり、ぐらぐら煮立っている鍋に近づこうとすれば、「いけません」と言って、親はその子どもを怒鳴ったりたたいたりするかもしれません。しかし、それは近づいたら大変危険な目に遭うので怒っているのであって、子どもに対する悪意から怒っているのではまったくない、というわけです。それは慈悲からの怒りです。

ところが、その人を傷つけたいとか、その人が憎いから怒る、ということになると、怒りは悪意から生ずる怒りになってしまうのです。そして悪意から生じる怒りは、破壊的な怒りであり、人を傷つける暴力的な怒りだというのです。

その二つの怒りがどう違うのかといえば、慈悲から子どもを叱るときは、怒りは子どもに対してではなく、子どもの行為に対して向けられているわけです。危険な行為に対して怒っているのですから、その危険な行為をやめれば、つまり鍋から遠ざかれば、怒りはなくなります。

しかしながら、行為ではなく人に向かって怒りを感じてしまうと、何の行為をしていようとしていまいと、そいつが憎いということになります。そして、その怒りは永続してしまい、怒りを向けられた人も、当然怒りを向けた人を恨み、復讐しようと思い、その暴力的関係が長く続くものになってしまうのです。

子どもは最初は分からないかもしれません。単に親から怒られたとしか思わないでしょう。しかし、あとから振り返れば、私に対して怒っていたのではなくて、私が危険におちいる行為に対して怒っていたんだな、と思い、愛情深い母親や父親、先生だったのだということが分かることでしょう。

しかし、と私は聞きました。それでは社会的不正に対しても、その不正がなくなるまで、私たちは怒りを持ち続けるべきなのでしょうか、と。ダライ・ラマの答えは「社会的不正に関しても、それがなくなるまで、確固として怒りを保ち続けなければいけないのだ」というものでした。

ノーベル平和賞を受賞した宗教家というと、「怒りを捨てて、心安らかに平和を目指しましょう」と言いそうな気がしませんか？　しかし、ダライ・ラマは差別や暴力に対して怒りを持たなければならない、愛や思いやりの心を持てばこそ、怒るべきだ、と言っているのです。

人物ではなくシステムに怒る、実は仏教とはシステム的思考法

ダライ・ラマがどうして怒ってもいいんだ、あるいは怒るべきなのだ、と言えるかといえば、そこには仏教の教えに対する大きな信頼があるからです。

仏教は、現実に目の前で起こっている出来事と、その原因とを、分けて考えようとします。こういう原因で、このことが起こったというように、原因と結果の連続、つまり因果関係というやり方で世界を見ていきます。

ダライ・ラマは『怒りを癒す』（講談社）という本の中で、こんなことを言っています。テロリストが誰かを殺したとしましょう。すると人々はテロリストを憎むでしょう。そしてテロリストを殺せ、撲滅しろと思うはずです。

けれども、その殺人の原因を考えてみましょう。まず殺したのは人ではなく銃です。

テロリストはどうやって銃を手に入れたのでしょう。誰かが銃を製造した。そして誰かが誰かに、銃を売った。ならば、あなたの国は銃を製造していないのか、武器商人はいないのかと考えてみれば、銃から利益を得ている人たちが自分の国にもいるわけです。とすれば、テロリストだけを恨んで、テロリストを殺せば問題が解決するということにはならない。社会全体の問題であり、私たちの国もそれに深く関わっていると思わなければならない、というのです。

また、どうしてテロリストは銃を持つに至ったのでしょうか。そのことを考えると、世界の中では大きな貧富の差があり、差別による貧困があって、貧困のどん底にいる人が、政治的宗教的指導者に扇動されて、テロリストになっているという構図があります。その人が裕福な家庭に生まれていれば、銃をとる人になっていなかったかもしれません。

そう考えてみると、報復の念にかられて、テロリストを殺しさえすれば、問題が解決するといえるでしょうか。何に対して怒りを持つのか、その方向を間違えてはいけない。銃を撃った人に怒りを向けるのではなく、その原因に怒りを向けるのです。原因が正されない限り、同じことは何回も起きてきます。銃で人を殺してしまった人も不幸な人です。殺された人ももちろん不幸な人です。そのような悲劇、苦しみを生み出さないために、私たちはその原因に対して強い怒りを持ち、それを正していかなければならないのです。

怒りとは、カッとなることではありません。カッとなって誰かに憤懣をぶつけることではありません。政治家たちは「彼らが悪者だ」「あの悪代官をやっつけろ」といったように、常に人をやり玉にあげます。週刊誌やワイドショーなどのマスコミも、多くが人身攻撃です。そしてその人物が攻撃され、葬り去られれば私たちは満足し、溜飲を下げますが、しかし問題は何一つ解決せず、同じことが繰り返されていきます。それは私たちが、ある人物に対しての怒り、恨みに誘導されてしまい、ほんとうの原因から目をそらされてしまっているからです。その人物ではなく、その人物の行為を生み出した、背後にある社会の仕組み、システムに対して怒る。実は仏教とはシステム的な思考法なのです。

今の日本では、ほんとうに怒るべきものに対しては怒らず、小さなことにキレて怒りを噴出させたり、自分よりも弱い者をいじめたりすることが横行しています。もっと大きなことに怒らなければいけない。大きな愛と思いやりを持つ人は、真に怒ることができるのです。そしてその怒りは、人を傷つけるような怒りではなく、人を活かし、世界を輝かせていくような怒りなのです。

自分も社会も変える

ダライ・ラマとの対談の中で、私はもう一つ、自分自身がかけがえがないと思えなくなっている現代のような時代には、まず、自分自身に対して思いやりを向けなければいけないのではないかと聞きました。他者を助ける、他者に対して思いやりを持つということももちろん重要ですが、まず自分自身がかけがえのなさを回復しなければ、他の人に対してもどうしても暴力的になってしまうのではないでしょうか。

ダライ・ラマはその通りとおっしゃいました。慈悲とか、愛とか思いやりというものは、まず自分自身に向けられるべきものなのだと。まず自分自身がかけがえのないものだ、愛や思いやりを受けるに足るものだと、自分自身を慈《いつく》しみ、自分自身を大切にすることから出発するのですと。

自分自身が大切にされるに値するものだということを認識できない人が、どうして人に優しくしたり、人のかけがえのなさを回復させることができるでしょうか。まずはほんとに自分自身が愛されるに足る存在、思いやりを受けるに足る存在であるということを、とことん認識するということが必要なのではないでしょうか。

それは、とりもなおさず、自分の存在をとらえなおすことに加えて、自分が今までどれだけ愛と思いやりを受けて生きてきたか、ということをきちんと認めること、そういうことでもあります。

自分自身がそう思えなければ、他の人の心も回復させることはできません。自分の心を見つめ直すことが大切なのです。

ですから、自分自身がかけがえのない存在だと扱われていないことに関しても、当然怒っていいのです。自分自身が生かされていない、自分自身が思いやりをもって扱われていないということに対しては、正当な怒りを持つ根拠があるのです。

だからといって、その怒りというのを、お前のせいだといって、誰かにただぶつけていいかといえば、それは違います。

私からかけがえのなさを奪っている原因を探し出し、原因が自分の中にあるならばそれを自ら改める。原因が社会のシステムにあるならば、そのことをきちんと発言し、より良いシステムに変えていこうとする。最初からあきらめて泣き寝入りをするのではなく、自分自身に思いやりを持ち、ある時は自分を慈しみ、ある時は社会の不正に怒りを持って、自分も社会も変えていこうというのです。

ダライ・ラマとの二日間にわたる対談は、私を魂のいちばん深いところから、励ましてくれるものでした。その大きさ、温かさに私の心は震えました。それは私にとって、まさにかけがえのない出会いでした。人と社会を支えているのは、愛と思いやりなのだ。そして、思いやりがあればこそ、私たちは怒るときには怒らなければならない……。

私のことばではまだまだ言い足りません。ぜひ『目覚めよ仏教!—ダライ・ラマとの対話』で、ダライ・ラマの生のことばに触れてほしいと思います。勇気を与えることば、人を輝かすことば、そのようなことばが溢《あふ》れる日本にしたい、私はヒマラヤの麓で澄みきった青空を仰ぎ見ながら、心からそう思ったのです。

第二章　私たちは使い捨てじゃない

すべての人が使い捨てという寂しい社会、
心理学でも、空気を読んでも、解決しません。
世界の構造を見る目が必要なのです。

日本社会の崩壊の原因

日本の社会は何かがおかしい、と言われ始めてずいぶん経ちます。昔だったらあり得ないようなことがいろいろと起こっています。

子どもたちがキレたりして、今までにないような犯罪を起こす。それも昔とは違って、一見「いい子」に見える子が突然キレて、凶悪な犯罪を起こしてしまったりする。どうしてこんなことになってしまうのかと思うような事件が起きています。

インターネットで知り合った人を殺すとか、インターネットで仲間を募って集団で自殺するといった事件。自殺者が中高年層にも増えてきて、全体では一九九八年以降連続で年間三万人以上にのぼっています。こんなに豊かな社会なのになぜこんなことが起こるのか。誰もが頭を抱えている状態がいまの日本でしょう。

それは何かそら恐ろしいような崩壊感です。以前ならば当然あったはずのものがなくなってしまっている。社会の底が抜けてしまったというか、起こるはずのないことが起こりつつあるのです。しかし、いったい何がこの社会で崩壊しつつあるのでしょうか。何がこうした信じがたい状況の根本にあるのでしょうか。

私は断言したいと思います。私たちが抱える問題のいちばん根本にあるのは、日本社会が、社会の中での信頼というものを失ってきてしまった、そのことに原因があるのです。

若者たちを見てみると、若い人たちの間での自己信頼、自己評価の低さがひじょうに目立ってきています。

例えばワーキングプアといわれる人たちがいます。この人たちがなぜ生まれたかというと、この十年間の非常に雇用が悪かった時代に就職期を迎えてしまったのが原因です。正規雇用の職に就けない、いわゆるフリーターにしかなれなくて、フリーターやアルバイトと正規雇用とでは格差が大きいため、貧乏で結婚もできないし子どもも養えないような状況に追い込まれています。

これはその人たちの責任というよりも、その時期に生まれてしまったということが原因なわけです。本来なら、本人の責任でない部分で起こってしまった格差ということに関しては、国とか公共のセクターというものがそれに対して何らかの対策を講じて救済する、これが民主国家では普通の対応です。

しかしちょうどそのころ、「構造改革」ということが叫ばれはじめました。そしてそこでは「自己責任」が強調されます。「勝ち組、負け組」は自己責任において生じているのであって、責めるなら自分を責めろという考え方です。そうしてワーキングプアも自己責任であると切り捨てられています。

そんな扱いを受けたら、若いワーキングプアの人たちは怒ってどうにかしろと言うはずだし、怒ってしかるべきでしょう。しかし彼らは声を上げません。海外ならば暴動でも起こってもおかしくないような状況なのに、彼らはおとなしく状況に従っているように見えます。それはあまりに不思議です。

その理由はどこにあるのでしょうか。それは、そもそも自分はそんなに大したものじゃない、「かけがえのないもの」ではないという自己認知があるので、ひどい取り扱いをされても当然じゃないか、という気持ちが根底にあるのではないでしょうか。ダライ・ラマが言っていたように、自分自身が大切に扱われるに値すると思っていない。だからどんなひどい扱いを受けても、怒りの気持ちが湧き上がってこないのです。

それを裏書きするのがこの本の冒頭に挙げた、小泉純一郎氏の「使い捨て」発言への若者の反応です。小泉チルドレンに向かって、政治家は使い捨てだ、お前たちも次の任期は何も約束されてないんだと言ったところ、そのときに若者たちの小泉人気がまたまた急上昇したという話です。

僕たちだけでなく誰もが使い捨てだということを、小泉さんはよく分かってくれているんだ。この社会の中では、政治家だろうがフリーターだろうが、人間はみんな使い捨てなんだ。そのことをはっきりと言ってくれたことで、支持が高まったというのです。

それを聞いて私は愕然としました。小泉さんたちがそういう政策をとったから、若者がワーキングプアになり使い捨てにされてしまう状況が生まれているのではないのか。そういう政策をとって自分たちを使い捨てにしておきながら、しかしその使い捨ての気持ちが分かってくれているからといって、人気が沸騰する。

それはある種、王様が奴隷制度をつくっておいて、しかし奴隷に向かって奴隷のお前たちの気持ちはわかるよ、共感してるんだよと言う、すると奴隷たちが、王様は奴隷の気持ちをわかってくださっている、と喜ぶ、というような光景です。

びくびくとした社会

この王様と奴隷という比喩を使えば、この話は同時に、国会議員という王様も、結局は奴隷でしかないということも言っていることになります。どんなに世間的な成功を収めている人も、奴隷でしかない。自分たちを縛っているように見える金持ちも高級官僚も、自分たちをムチでたたいている中間管理職も結局はみんな奴隷でしかない、使い捨てなんだ、というわけです。

悲しいことに、確かにそうだなあと共感してしまう私たちがいます。議員たちも使い捨て、官僚も使い捨て、サラリーマンもみんな使い捨て、農業漁業をやっている人たちも使い捨て、若者も使い捨て、老人たちも使い捨て、すべての人たちは使い捨てだということを言ってくれると、それがなぜか腑に落ちてしまう。それは私たちの実感に即しているということです。

しかしすべての人が「かけがえがない存在である」ということが腑に落ちなくて、すべての人が「使い捨てだ」、ということなら腑に落ちる、それはどう考えても不幸な意識です。そして不幸な社会です。そもそもそんな意識はどこから生じているのでしょうか。

ひとつは今の世の中の業績主義です。自分で宣言した業績を二カ月後に達成しなければば、評価が下がって給料もバンと下がり、それを何回も続けたらもうリストラされてしまうような会社があります。非正規雇用の問題が注目されていますが、正規雇用であっても業績主義が非常に徹底してきていて、私たちは常に評価にさらされるようになっています。

そういう社会では、自分がちょっと業績を達成できなくなると会社からも放り出されてしまうのではないか、という恐れとともに生きることになります。私は常に評価の対象になっている、それは常に見張られているのと同じような感覚です。ちょっと業績が達成できないだけで、すぐさま自分はこの社会から放り出されていくんだ、という意識を、みんなどこかで抱えこんでしまっている社会になっているのです。

それは秘密警察にいつも見張られているような状況です。例えば、ヒットラー独裁下のドイツ、ナチスの時代に、ちょっと反ナチス的な本を読んでいると隣の人に密告されて、秘密警察が踏み込んでくる、ユダヤの血が流れていると誰かに知られたとたんに踏み込まれる。あるいは日本の戦前戦中の特高が、あいつは危険思想の持ち主だと聞いただけで捕まえにくる。江戸時代の五人組も、共産主義の国でも、中国の文化大革命の時もそうでした。誰かが常にあなたのことを見張っていて、ちょっとでも社会に反することをすると、すぐに捕まえに来て、社会から葬り去られてしまう。

二十世紀はそういった理不尽な抑圧から私たちを解放してきた世紀でした。ところがそれに続く二十一世紀に、また秘密警察が復活してきているのです。業績が下がり、評価が下がればすぐにでもこの社会から拉致、抹殺される。そうやって一度負け組になったら、誰もあなたのことなんか救ってくれないよ、という社会にいつの間にかなりつつあるのです。

一人ひとりが自由にいろんなことをやれるように見える自由主義社会、その自由さを、一見謳歌《おうか》しているように見えながら、じつはファシズムの時代とか、言論の自由がなかった時代のように、常にどこからか見張られていて、誰かから突然後ろ指をさされて追放されてしまうんじゃないかということにびくびくするような社会になっているのです。

それはとりもなおさず、この社会の中に信頼がないということです。会社にしても、かつての会社であればレイオフ、リストラされるということはほとんどありませんでした。稼ぎがちょっと悪くても、同期入社でもあの人は部長になったのにあなたは万年平社員なの、と奥さんから言われる『釣りバカ日誌』のハマちゃんみたいな人も、イヤミは言われながらも会社の中にはいられて、同じ共同体のメシは食える、という信頼はあったわけです。

今の社会は、共同体からハマちゃんのような社員を外していいんだ、稼ぎの少ない人間は、すぐに外していいんだ、というように変わってきています。みんな使い捨てなのです。高い評価の時はそこにいられる、しかし評価が下がればとたんに捨てられる。そういう意味では、先ほどの「小泉さんは私たちの気持ちがわかってくれている」、というのはまったく正しいのでしょう。つまり、全員が今の社会体制の中では使い捨てなんだ、ということをデフォルトにして考えなければいけない社会になってしまったのです。

僕たちはそういう社会で使い捨てになっている。それなのにまだ自分たちは使い捨てではないとのんきなことを言っている人間がいるぞ、ということなのです。しかし、私たち全員が使い捨てなんだと言われて、みんな使い捨てなんだ、やっぱりそれが人間と社会の基本なんだと共感してしまう社会とは、いったいどういう社会でしょうか。

本当はそこで、「バカヤロー」と言って、社会というのはそもそもそういうものではないんだ、それでは共同体でもなんでもないじゃないか、と怒らなければいけないところです。それなのに「全員が使い捨てだということをわかってくれた」と共感するような情けない社会になっているということが、今この社会で生じている問題の根本にある核心部分なのです。

追放というイエローカード、レッドカード

あなたは愛されてこの世に生まれてきて、私たちと一緒に生きているかぎり、絶対見捨てられることはない、それを信頼と呼ぶわけです。見捨てられることはない仲間だからこそ、その人が何か間違ったことをすれば、もっとこうすればいいと忠告もできるのです。そして、仲間だからこそ、一緒に切磋琢磨《せっさたくま》してもっといいものを作っていこうと競争したりもするのです。仲間だからこそ叱ったり、頑張れと言い合ったりするのです。

しかし、今はそれが逆になりつつあります。仲間に対する忠告ではなく、ダメなら追放だぞというイエローカード、レッドカードです。頑張らなければお前とは仲間でもなんでもないんだからすぐにお前は捨て去られるぞという脅迫であり、競争に負けたら負け組ですべてが奪われるぞという、冷酷な宣言です。善意からの忠告や、切磋琢磨して

一緒に向上していこうという競争ではないのです。

しかし、そういうふうにして不安をあおり、恐怖の感情をかきたてて、それで成功した社会はほとんどありません。社会の根底に不安や恐怖があるとき、その社会は決して幸福な社会にならないのです。

短期的には不安や恐怖の効用もあります。この一年間でそれを達成できるかどうか、生きるか死ぬかで挑戦しろ！　と言って何かに取り組ませたり、イニシエーション（通過儀礼）のように、危険な崖に連れて行ってこの壁を登ってみろと命じるとか、そういった人生の試練の時期に、不安や恐怖と向き合うということはもちろんあります。

これをやらなければお前は死んだも同然だとか、これをやらなければお前を友達だとは認めないとか、そういったことは短期的にはあるのです。しかし「これをしなければお前を友達だと認めない」という発言にしても、実は、「オレとお前は友達のはずだから」という強い認識の上での発言だということがわかるでしょう。これをしないと、あるいはこんなことをしたら、オレはお前を金輪際友達だと認めないぞ、と言うのは、恐怖をあおっているように見えますが、実はずっと友達でいたいからであり、友達のことを思えばこそなのです。

ところが今の「これをやらないとお前はもう社会の一員だと思わないぞ」という発言の真意には、共同体の中にいつづけてくれ、という仲間意識が非常に弱いのです。やれと言われたことができなかったら、放り出すぞ、終了、というわけです。

できない人間と仕事をしたってオレの評価が下がってしまうから、評価を取れないような奴はオレの前から消えてくれ。

全部の発言がそういう感じになっています。都合のいい人間とは一緒にいて、都合の悪い人間とはハイサヨウナラ、これがオレにとって都合がいいんだ、というあり方です。言うほうは瞬間的には気持ちがいいかもしれませんが、しかしひるがえって考えてみれば、自分自身に対しても同じことが常に言われているということになります。オレの評価が悪くなれば、おれもハイサヨウナラと言われるんだな、と。

これは人間にとって、非常に厳しい社会であると言えるでしょう。

今の日本社会では誰が誰を差別しているかということははっきりと目に見えません。けれども、誰もが秘密警察に見張られているように感じる社会、誰もが何かの理由で後ろ指をさされるんじゃないかと脅えている社会、隣組で僕の悪い噂が流れてそろそろアウトになるんじゃないかと恐れているような社会に、いつの間にかなりつつある、ということなのです。

「心理主義」のまやかし、癒しの個人化

しかし、なぜみんなもっと怒らないのでしょう。

例えば、「使い捨て」に直面している若者たちは、なぜプロテスト、抗議の声をあげないのでしょうか。

怒りの声をあげる、抗議することは、かけがえのない私はもっと人間らしく扱われて当然だ、今受けている扱いは到底それにふさわしい扱いではない、そんなことはあり得ないんだ、と考えることから始まります。怒りの声があがらない、そこでブレーキがかかってしまうのは、自己信頼、自己評価が最初から低いからではないでしょうか。

若い人たちの多くは、私はどうせ他の人と交換可能で、かけがえがないとは思えないような存在なのだから、このような扱いを受けても当然なんだ、というふうに思ってしまっているように見えます。だからこの状況に関しても暴動も起きないし、大きな怒りの声も上がってこないのです。

若い人たちと話したことがあります。不況の時代に就職時期を迎えたという、自分の

責任ではない事情でこれだけの格差がついたり、人生設計もできないような状況になっているのに、そしてそれに対して改善がもたらされないのに、どうして怒りの声が起きないのか。彼らの回答は、「でも同世代で成功している人もいるわけだから、今の境遇は自分の責任だと思ってしまう」というものでした。しかしそれはまさに「自己責任」ということばのまやかしにはまりきっています。そのことは既に述べたとおりです。

もう一つのまやかしがあります。それは「心理主義」のまやかしです。心理主義というのはどういうことかというと、全てを心理学的に考えていく、ということです。そしてこの十数年というもの、日本人の「心理主義化」が進んでいます。すべてを自分の「心の問題」だと捉えていく傾向が強まっているのです。

その心理主義化については、私も責任を感じないではありません。私はずっと「癒しの上田さん」として知られてきました。今これだけたくさん聞くようになった「癒し」という言葉は実は造語で、日本語には「癒す」という動詞はあっても「癒し」という名詞はなかったのです。それを一九八〇年代の終わりに、「癒し」という言葉を強く押し出し、これからの日本には「癒し」が必要だと言い始めたのが私でした。同時期に「癒し」に着目したのは私だけではないので、厳密にいえば私だけが言い出したのではないのですが、しかし、かなり大きな声でマスコミや講演などで主張しまくったので、いつのまにか私は「癒しの上田さん」になっていました。そして、その後「癒しブーム」が起き、今では「癒し」という言葉を聞かない日はありません。

ならば「癒しの元祖」としての私は喜んでいるかというと、そうでもないのです。私が癒しの重要性を言い始めたとき、それは確かにひとつには、「これからはモノではなくて、心の時代だ。自分を癒すことを考えよう」という、もっと自分の心の満足に注目しようよという提言でした。しかしもう一つ、それは「ほんとうに一人ひとりが癒されるような社会を作っていこう」という、社会的運動への提言でもあったのです。社会自体が私たちを癒さない構造を持っているならば、私たちはどうして自分だけが癒されることができるでしょうか。

しかし、癒しブームの中で実際に起こったことは、癒しの個人化でした。例えばあなたが会社でストレスばかりで、自分の生きていく意味も分からず、とうてい癒されない状態だったとしましょう。それであなたは自分には「癒し」が必要だと切実に思うわけですが、それでどうするかといえば、家に帰ってお風呂にバスソルトを入れてリラックス、部屋にはアロマを満たし、聴く音楽はヒーリングミュージック。癒しキャラのぬいぐるみやキャラクターをリビングやベッドの周りに置いて、自分を癒してくれるような癒しの絵本や癒し小説を読む……。で、「癒された〜」となって、次の日会社に行くと、しかし会社の状況はまったく変わっていないので、またものすごいストレス。それで家に帰って、「癒されなくては」と思って、ヒーリングミュージック聴いて、アロマを使って……。これを一生の間、毎日繰り返していたら、癒しどころかビョーキですよね。

私もそういった「小さな癒し」は嫌いではありません。温泉も大好きだし、アロマも好きです。しかし、そうした個人的な癒しで全てが解決するとは到底思えません。会社がストレス源ならば、会社の仕組みを変えなければならない。学校でいじめられているのなら、そのいじめを解決しなければいけない。当然、社会的な解決が同時に図られなければいけないのです。

にもかかわらず、すべてを「心の癒し」の問題だとして、個人個人が心を癒せばいいのだということにしてしまえば、それはむしろ本来の癒しから私たちを遠ざける行為になります。私たちの心に集中すればするほど、社会的な癒しへの意識と行動がおろそかになり、社会はますます厳しいものになり、私たちはますます自分の殻に閉じこもって、その小さな空間で自分を癒すことに一所懸命になります。それは悪循環であって、状況はますます悪化していってしまいます。

自分が「癒された」という感覚を持つことはとても大切なことです。あ～、こういうのびのびとした感覚って大切だなとか、あったかさや安心感っていいなとか、こういう時のために生きているんだなとか、それはとても幸福な感覚だと思います。しかし、その幸せを実感し、元気になったなら、次には社会全体を少しでも幸せな方向に変えていこうと、エネルギーを社会へと振り向けていくことが必要なのです。

「心理主義化」にはそのような罠《わな》が隠されているのです。いま若者に起こっていることも心理の問題ではありません。かけがえのなさが失われた、自己信頼が失われたという表現をしているので、一見心理学のことを言っているように見えますが、決してそれだけではありません。ここまで格差が生まれ、ワーキングプアの問題が生まれているのは、この不況の十年間そういう経済政策をとった、そういう政治が行われ続けてきた、そうした弱肉強食の経済体制に組み込まれたということなのですから、問題は全体のシステム、枠組みなのです。

その枠組みを変えろ、構造を変えろ、と言わなければいけないのです。

ところがそれを心理的に引き取ってしまい、そういうことになったのは私の心がおかしいからだ、そういう状況に対して私が心の持ちようを変えることでどうにかなるんじゃないか、と思ってしまうのは、むしろ問題を見えなくする可能性のほうが大きいのです。

「本当の私」より「場」を読む私か？

心理主義の問題点を述べてきましたが、それに加えて、その心理主義も、昔の心理主義と中身が異なってきているということにも注目しなければなりません。

一時代前の心理主義では、「私探し」ということがよく言われていました。私には「本当の私」というものがあるはずだ。けれども私は「本当の私」からかけ離れた「偽りの私」を生きてしまっている。だから「本当の私」を探して、自分自身を回復しよう、といったような心理主義です。

私は一九九二年に亡くなった、歌手の尾崎豊の生き方について書いたことがあります（『癒しの時代をひらく』法蔵館）。尾崎豊の出発点は、今は偽りの私を生きているという、現在の自己への疑問です。汚れのなき本当の自分というのがあるはずなのに、こんなに自分は汚れてしまっていて、その中でもがき苦しんでいる、でもみんな、「本当の私」はあるんだよ、「偽りの私」ではない本当の私を探しに行こうよ！　という調子で、それがその頃の若者世代には非常に受けたのです。それはまさに「本当の私」探しの歌でした。「私探しブーム」とは「本当の私」を探す、というブームだったのです。

ところが今の若い人たちに聞くと、その頃の心理主義と今の心理主義は違うと言います。今の心理主義、心理学の使われ方というのは、周りの人たちといかにうまくやっていくかがテーマだというのです。どういう場であれ、そこに自分が投げ込まれた時に、周りの人を傷つけたり周りの人に傷つけられたりしないで、自分にいちばんいい評価がもらえるように、いかにその場やグループに適合した行動を採ればいいか、いかに摩擦がなく周りの人とやっていくかという、心理マネージメントの心理主義である、と言うのです。

そこでは「本当の私」とは何かなどということは問われなくなってしまいます。そもそも、ただひとつの「本当の私」などがあるということを信じるというのは時代遅れだというのです。この場ではこういう私、あの場ではこういう私、という複数の私をいかにその場に合わせて上手に使い分けていくかが大切なのです。

どんな場に投げ込まれても、そこでいちばんいい立ち居振る舞いはどうなのか、口のきき方は何なのかということを考えていく。ということは、その場がどんなにゆがんでいようが、全体の構造がどんなにおかしいものであろうが、そのことは問われないことになります。その中で自分が摩擦を起こさずやっていく、ということが大切な心理主義なのです。自分を突き詰めていく心理学よりも、いかに摩擦なく過ごしていけるかという、コミュニケーション技術のような心理学だと言えます。

自分の根っこを掘っていくというよりも、いかにソーシャルネットワークの中で嫌われずに生きていくか、それが重要なのです。

そこでは「空気を読む」ということが重要になっています。いかにその場の空気を読んでみんなから嫌われず、調和を保っていけるかということが重要なのです。なので、成立しているその「場」自体の矛盾であるとか、その場自体がかかえている深い問題とかには立ち入りません。

周囲の人たちといかにうまくやるか、「本当の私」なんかを追求するのではなく、会社という「場」でうまくやっている私、仕事から帰ってプライベートな場で恋人に嫌われずにうまくやれる違う私、というふうに、複数の私を使い分けていけばいい、という考え方です。

　もちろん尾崎豊のように「本当の私」にだけこだわり続けてしまえば、それはとても苦しいことになってしまいます。どこの場でも同じ「私」を押し出す人がいたとしたら、それはそれでけっこううっとうしい人かもしれません。スーパースターとかアーティストとか芸術家とか作家とか、強烈な個性を持っている人はそれをやり通せるかもしれませんが。

　誰だっていくつかの顔を使い分けているということはあります。しかし、実際はその場その場に合わせてはいても、その中でも「本当の私」はどこにあるのか、「本当の私」が言いすぎならば、自分自身にいちばんフィットしている私、いちばん信じられる私はどこにあるのかを考えることはとても大切なことです。

　どの場でも周囲の人に合わせていく私、そういう自分に私たちは「自己信頼」を持つことができるでしょうか？　空気を読みながら、周囲の人に嫌われないことだけを考えている私の「自己信頼」の核はどこにあるのでしょう。

　いろいろな場で顔を使い分けていても、自分の中で自己信頼ができる、核になる私があるというのと、単に周りに合わせて流されるというのとは、まったく違います。その核の部分がなくて、どこに行っても、そこでうまくやれればそれでいいんだといった形になっている、そのことが大きな問題なのです。

この職場は世界の中でどういう場所として位置しているのか

例えばファーストフードの店でアルバイトとして朝から晩まで調理をしている若者がいるとします。そこは狭い調理場で、次々に注文が入ってくるので、それに応じて次から次へとハンバーガーを焼いたりフライドポテトを揚げたりするのが仕事です。狭い厨《ちゅう》房《ぼう》の中には店長がいて主任がいて、自分の他にもたくさんの若者もいて店が回っていっているという場の中で要求されるのは、いかに空気を読みながら一日どうにかやりおおせていくかということであるのは間違いありません。

しかし、そうやって働きながらも、いったい私は正当な給料をもらっているのかとか、「私」というものがどのような社会的な構造の中にあるかとか、社会的に抑圧されているのではないかとか、世界の中で私のこの職場というのはいったいどういう場所として位置しているのだろう、というような発想は常に持つべきものでしょう。

狭い調理場の中でも、その閉じた場を超えて、世界の構造や本質を大雑把ではあるがつかもうとしていれば、人生も変わってきます。オレはこれじゃ終わらないぞとか、僕の自己表現とはいったい何だろうと考えながら生きていくとか、自分はどこに向かっているのだろうかと考えていく。そのことから、未来も切りひらかれていくのです。

ところがその場にいても「空気読め」ばかりを考え、日々そこで摩擦なく過ごすことばかり目指す、という発想の中からは、ひたすらそこに留まってうまく調停していく自分以上のものが見えてこないのです。世界の構図を見てみれば、昔の言い方をすれば、私の行っている労働は疎外された労働ではないのだろうかとか、搾取されているのではないだろうかとかといった見方が出てくることもあるかもしれませんが、「空気読め」という心理主義からはそんなことは出てくるはずもありません。

一方では原資をうまく回して巨額の富を得て、六本木ヒルズに住んでいる奴がいる。もう一方のオレはなんで時給一〇〇〇円足らずで働かされ、将来の展望も見えないし、年金を払えって言われたってどうやって払っていいかもわからない、いつまでこんなことやってなきゃいけないんだ、正規雇用に入っていけないじゃん、というのは、まさに絵に描いたような搾取構造だといえます。

となれば、そのひどい状況に対しては何らかの異議申し立てをしていかなければいけない。そうしないと、その構造はずっと続いていくことになり、私の人生のリスクはますます増大していくのです。

「かけがえのない私」がどうしてこんな状況に陥っているのか、ということの原因を突き止めなければなりません。そして、自分のせいではないのに不当な扱いを受けているということになったら、是正せよ、と怒って誰にでもわかるように意思表明をしなければならないのです。

一人ひとりが尊重されているかという視点

昔盛んであったマルクス主義であれば、資本家階級があり、労働者階級があって、労働者階級よ、資本家階級を打倒せよ、というお決まりの話がありました。しかし、今の日本社会でそれが通用しないのは、誰もが奴隷扱いされ、使い捨てになりつつあるからです。

私はそうした硬直した左翼には、かなり前から見切りをつけてしまった人間です。イデオロギーからモノを言う、自分の真心からではなく、組織の論理で見せかけの抗議をする。そういった欺瞞が以前の運動にはありました。口先では弱者のためにとか言いながら、自分たちはいつの間にか権威的な強者となっているといった構造があったのです。

しかし、自分たちは不当に扱われている、本来はこういった不遇な扱いを受けるべきではないんだ、と表明する回路がこの日本からなくなってしまったことは、大きな問題だと思っています。「使い捨て」にされそうな人たちが、「こんな扱いは一市民として許されることではない!」、ということを堂々と言える回路がかつての日本にはありました。そしてその対抗勢力によって、日本社会は常にバランスを取ってきたのです。

みんな右へ倣《なら》えで、「私たちはみんな使い捨てだ」では、日本は死にます。

そして、私は今がその瀬戸際なのではないかと思っています。

すべての人が「かけがえのない存在」なのだという視点で、この日本社会と世界を見ていくべきなのではないでしょうか。果たしてそのように一人ひとりが尊重されているだろうか、という目でもう一回今の世の中を見ていかなければならないのです。

すべての人間が使い捨てなんだからどんなふうに扱われても当たり前だろう、という視点からは、これからの子育てや教育、仕事や自己成長、福祉や医療、そういったすべての基盤がなくなってしまいます。一人の赤ちゃんをどうやって成人まで育て上げていくか、そして人はどのように働き、どのように老い、死を迎えていくのかというすべてにおいて、その基盤がなくなってしまうのです。

親は子どもに「お前は使い捨てとして生まれてきたのよ」と教育するのでしょうか。「おじいちゃんを見てごらん。人はみな使い捨てとして死んでいくんだ」と孫に説教するのでしょうか。学校の先生達は学生に「みな社会に出たら使い捨てなんだから、今から覚悟しておけよ」と教え諭すのでしょうか。「それでも何とか社会から排除されないように、これからはいつも『空気を読む』ことを一瞬たりとも忘れないでください。それが皆さんへ贈ることばです」、と校長先生は訓辞を述べるのでしょうか。

笑い事ではないのです。「人はかけがえがない存在だ、なんて言われて育てられたから、使い捨てにされたときにショックを受けてしまうじゃないか。お父さんお母さんが、最初から人は使い捨てだと教えてくれていれば、こんなショックを受けることはなかったのに、どうしてそう教えてくれなかったんだ！」と子どもから言われる日が来るかもしれません。

いや、そんなふうに言われなくても、親も教師も、自分の人生経験から「人はしょせん使い捨てなんだよ」と言い出してしまいそうな、そんな不気味さを私はこの時代に感じるのです。

そして、いまこそその流れを止める正念場だと思っているのです。

第三章　評価が、生きることの最終目標か

いい評価を得ることが人生の目的ではありません。
問題は評価の後に何をするかです。
自分の実力をどのように活かしていくのか、
意識と行動の両方が大切なのです。

「人の目」を気にする文化

しかし、どうして私たちはこんなにも人からの「評価」が気になるのでしょうか。私たちが自分自身を「かけがえがない」と思えない原因のひとつは、私たちがあまりにも自分の「評価」にこだわってしまうということにあります。他人からいい評価をもらえれば「素晴らしい私」で、評価がもらえなければ「ダメな私」と、他人からの評価で私の価値が決まるのであれば、私の価値は株価のように毎日上がったり下がったり、人生に安心も何もありません。

それにしても、生きていくことの最終目標が自分の評価にある、と思いこんでいる人がなんと多いことでしょう。

どうしてそんなことになってしまっているのか。そのことは『生きる意味』(岩波新書)に詳しく書きましたので、ここでは簡単に説明しておきましょう。

まず、日本人はそもそも「人の目」をものすごく気にする傾向を持っています。例えば、一神教の神が強い地域、キリスト教やイスラム教の国などでは、神様の前で「良いこと」と「悪いこと」がきっちりと決まっています。だから正しいことと間違っていることを決めるのは神であって人間ではありません。もっとも、イスラム教でもキリスト教でも、現実問題への対処は人間が決めていかなければいけないわけですが。

しかし、日本の場合は、人間を超越した神様が「これが正しい」「これは間違っている」と最初から決めてくれているのではありません。良いことと悪いこと、正しいことと間違っていることは、私たちの間で決まっていきます。絶対的な善悪があるのではなく、その場その場で決めていくという意味では、善悪に曖昧《あいまい》なところがあるのです。ですから、ある場では正しいことが、別の場では正しくないということもあります。また、どう考えても正しくないことでも、みんなでやれば正しいことになってしまう。「赤信号、みんなで渡れば恐くない」という言い方がありますが、神様が「赤信号は渡っちゃダメ」と決めている文化では、ひとりで渡ろうがみんなで渡ろうが、渡ると恐いわけです。それは絶対的な神様から罰せられてしまう恐さです。しかし日本では、みんなで渡れば恐くない。それを批難すると逆に、「物わかりが悪い」とか言われてしまいます。そこでは仲間はずれにされてしまうことのほうが恐いのです。

つまり、評価を与えるのは、日本では他の人々ということになります。そして、私たちはみな、小さいときから「人の目」を気にするように教育されます。その場その場で何が良いこととされているのか、正しいこととされているかに敏感になるように育てられるのです。その意味では「空気読め」というのは、日本社会の根底を流れている意識だと言えるでしょう。

さて、そのように「人の目」を気にするように育てられ、他人からの評価が気になる日本人に対して、近年襲いかかってきたのが「評価主義」です。つまり、伝統的に「他人からの評価」を気にする人たちに対して、「評価が全てだ」「評価によって勝ち組にも負け組にもなるのだ」という、最近のトレンドが導入されたわけです。

これは破壊的な効果をもたらします。そもそも他人からの評価を気にする人格を持った人たちに、「評価ですべてが決まる」という社会システムが与えられるわけですから、私たち日本人は本当に「評価」というものに縛り付けられることになってしまったのです。私は今どのように評価されているのだろうか、他の人からどう見られているのだろうか、そのことが気になって仕方がない。こういう人たちが自分の「かけがえのなさ」に気づくのがとても難しいのは当然です。自分の価値は株価のように、他人からの評価で上がったり下がったりします。そして私たちはますます他人の目が気になり、自分それ自身の価値に目を向けることができなくなってしまうのです。

評価をうまくつかうか、悪くつかうか

私は評価が悪いことだとは思いません。それどころか、これまでの日本ではきちんと評価が行われてこなかったことで、たくさんの誤りが生じてきたと思っています。道路を造ってもその評価を行わない、行政法人が無駄なリゾートホテルを造ってもその評価を行わないため、税金の無駄遣いが繰り返されてきた、といった公共事業の問題は多く注目を集めてきました。人の評価もそうです。昔はお医者さんに手術をしてもらうときに、「教授の先生に切ってもらうのがいちばん」とか言っていたものです。ところが、きちんと評価をしてみると、人によっては教授はむしろ手術が下手で、他の医師のほうが優れているなどというデータが出てきたりします。言われてみれば、組織の中で偉い人と手術が上手な人というのは別の才能ですから、それが一致していなくても当然なのですが、それも評価制度がなければ分からなかったことです。

この頃は、大学でも学生が先生の講義に点数をつけたりします。私の大学でもそうした授業評価が導入されたのですが、驚いたことに私の講義が大学の中でいちばん学生から高い評価だったということで、学長から賞をいただきました。一〇〇〇人以上も先生

がいる大きな大学で、私が一番になるなどとはまったく考えてもみなかったので、ずいぶん励みになりました。それも評価制度がなければ分からないことでした。全国の大学で評価制度は導入されつつありますから、そうやって励まされている先生たちは多いと思います。

このように評価をすることで、思わぬ真実が明らかになり、日の当たらなかった人が注目されたり、実際に求められていることが明らかになったり、組織の欠点が明らかになって改善が進んだりといった、多くの素晴らしい成果が生まれます。

評価自体は悪いことではないのです。ダライ・ラマとの「競争」についての議論を思い出してください。仲間同士の良い競争はお互いを高め、成長させていく大きなきっかけを与えてくれるのです。しかし、その反対に、勝者と敗者を決めるためだけの競争は、人を傷つけ、社会に大きな問題をもたらします。評価についてもまったく同じです。それがうまく使われれば、評価は人を励ますことにもなり、自分の間違っていたところ、足りないところを教えてくれて、自分の成長につながっていくことになります。しかし、評価が悪い方向に使われれば、それは人を傷つけ、自分の成長どころか、自己信頼を失わせ、自分自身を見失わせてしまうことになるのです。

問題は、私たちの目標が「いい評価をもらうこと」にあるのか、それとも「評価を励ましにして、自分を成長させていくこと」にあるのかということです。

ただでさえ「他人の目」「他人からの評価」が気になる日本人は、ますます「評価」に縛りつけられています。けれども評価とは、いい評価をもらうことが問題なのではなく、評価の後に何をするかが問われるものです。それを励ましにしてがんばる、そこで明らかになった問題点を修正する、そうやって自分や社会の成長につなげていくことこそが大切なのです。しかし、現在の評価至上社会は、「いい評価をもらうこと」が私たちの人生の目標なのだ、という誤った方向へと私たちを導きつつあるのです。

実はこの本のテーマである「かけがえのなさ」という意識にもその評価主義が反映しています。

書店に行けば、「あなたは素晴らしい」とか、「あなたは愛されるに足る存在だ」とかいった本が満ちあふれています。そうした自己啓発本や心理学的な本、「スピリチュアル」本は次々と出版されています。本だけではありません。「あなたは素晴らしい」と言ってくれる講演やセミナーもたくさんあります。そして多くの人がそういった場に詰めかけています。それは、「かけがえのなさ」を見失っている私たちが、「あなたは素晴らしい」と言ってもらえる機会をいかに求めているかということを表しています。

しかし、そうやって「あなたは素晴らしい」と言ってくれる本を読んで、ひとときは「私は素晴らしい」と思えるのだけれど、その「効果」が長続きせず、また別の本を読み、講演やセミナーに行き……、といったように、ぐるぐると同じところを回り続けている人も少なくありません。どうしてでしょうか？

それは自分が求めているものが「評価」だからです。「あなたは素晴らしい人だ」、という評価が欲しい。「自分をかけがえのない人間だと思いたい」というところに目標があるからなのです。だから「あなたのかけがえのなさは、ABC評価のAです！」と言われれば、「私は認められた！　よかった！」というところですべてのプロセスが終わってしまう。しかし、言われた直後はいいのですが、その意識は長続きせず、しばらくたつとまた振り出しに戻ってしまいます。

問題は、すべての行動が自己愛から生じていることです。

今の社会はきわめて自己愛的になっています。自分が愛され、自分が素敵な人間だ、かけがえのない人間だと思ったら、そこで終わってしまう人が多いのです。愛されるに値する存在だ、と言われるだけで舞い上がってしまうというのは、それほどまでに自分が愛されていないと思ったり、自分で自分を愛することができない人が多いということでもあり、それが自己愛社会をもたらしています。しかし、私たちが生きている意味は、けっして自分の自己愛を満たすためだけではないのです。

いい評価を得れば最終目標達成か

私たちは小さいころからあらゆる機会に評価されてきました。ですから、いい評価をされると、それだけで最終目標を達成したと思いがちです。しかし、それは間違いなのです。

例えば学校での評価、テストの点数があります。算数で百点をとった、すごい！　百点だ！　バンザイ、そう言ってあたかもそれが最終目標のように思ってしまいがちではないでしょうか。

しかし、点数を取ることが勉強することの目標なのでしょうか？　算数で百点をとったから目標達成、ということでしょうか？　それはまったく違います。点数を取った後が問題なのです。その算数の知識と能力を使ってどのような職業に就き、そこでどのようにその才能を活かし、素晴らしい製品を作ったり、新しいシステムを作ったりして、社会に貢献していくか、自分も生きがいを発見し、社会をもっと幸せにしていくか、本来はそれこそが最終目標なのです。点数や評価は中間地点にすぎません。

テストや評価を踏み台にして実力をつけて、実力がついたらそれをなんらかの形で使っていこう、ということなのです。点数ではなくて実力が問題です。その実力も「評価」されるためのものではなく、実際に使っていくための実力です。

ところが私たちは、勉強するのは点数をとるためで、算数のテストが終われば「もう算数のことは忘れよう」ということになりがちです。次の試験は国語だから、算数で覚えたことはもうどうでもよくて、今度は国語の勉強をしようとか考える。あるいは、勉強するのは入試のためだから、入試に通ってしまえばあとはどうでもいいと思ってしまう。つまり評価が最後にある、最終目標であると思ってしまっているのです。

問題は、あなたがどう評価されるかではないのです。その力をあなたが社会の中でどのように使っていくかが大切なのです。学校で評価されたことよりも、それからあとで、社会的人間として社会のほうにいかに投げ返していくかということです。

「死んだ」成績でいいのか

例えば、調理師学校でがんばって勉強するのは、素晴らしいコックや板前になって、美味しい料理を作る実力をつけるためです。美味しい料理は人を幸せにします。調理師学校の成績がいくら良くても、料理コンクールで一位になっても、毎日作る料理がまずければどうしようもないでしょう。「学ぶ」ことは、成績のため、評価のためではないのです。もちろん、いい成績を取ろう、いい評価をもらおうということは、勉強する励みになります。ですからテストのためにがんばったり、コンクールにチャレンジするのはとても大切なことです。しかし、そうやって実力をつけ、それを「活かす」ことに意味があるのです。評価のためだけの「死んだ」成績ではなく、「活きた」実力こそが大切なのです。

評価をもらうことがいちばん重要なのではありません。全ての分野で百点をとることが必要なのではなくて、自分が命を懸けてやるぞと決めたこと、それをやりたいと思って続けていく中で、評価をステップにして実力をつけていくことが大切なのです。評価よりも自分が成長していくこと、評価よりも貢献することが重要なのです。

それは「かけがえのなさ」についても同じことです。だれだって自分がかけがえのない人間だと思いたいでしょう。しかし、自分はかけがえのない人間だ、素晴らしい人間だと思いたい、そのことによって自分の自己愛を満たしたい、ということが目標になってしまっては、それは「死んだ」成績と同じです。

私はかけがえのない存在だ、バンザーイ、はい終了、ではあまりにこっけいだと思いませんか。しかし私たちは、あなたはかけがえのない人間だ、愛されるに足る人間だというふうに言われて、自分が評価された、そして目標が達成されたというように誤解してしまいがちなのです。テストでいい成績が取れたときのようにです。

テストでいい点数を取ったときのように、それは喜ぶべき事です。しかし、問題はその後なのです。私は愛されるに足る存在だ、素晴らしい人間だ、かけがえのない存在だ、ああ良かったと思い、そのあとは何にもしない、それはあまりにもかたよった心理主義というべきでしょう。

いい評価をもらってもその後で何もしなければ、その評価というのは崩れていきます。算数で百点をとった人間がその後算数を使わなければ、それはどんどんダメになっていきます。英語を何年間も勉強しても、その後使わなければ、まったく忘れてしまいます。

私はかけがえのない人間なのだということを自分で認識しても、その後でかけがえのない人間としての行動が続かなければ、自分がかけがえがないという認識はどんどん崩れていきます。それは当然のことでしょう。

だれか偉い先生に、「あなたはかけがえのない人間だ」と言ってもらうことも、自信になるかもしれません。しかしその偉い人が死んでしまったら、おそらくそのとたんに不安になるでしょう。その偉い先生が実はインチキでたいしたことがなかったという噂を聞きでもしたら、その時にはさらに不安が掻きたてられていくはずです。

かけがえがない人間であるという評価は、かけがえがない人間として、かけがえのない行動を起こすという、その後の行動とワンセットになっているのです。その行動が、私がかけがえがないという意識を強化する、そして強化された意識がさらなる行動を生み出すという、意識と行動の循環がそこにはあるのです。

例えば、努力はしていても自信がなかった板前の若者が、お客さんから「兄ちゃんの握る寿司はうまいねえ」と言われて嬉しくなり、ますます努力を積み重ねて修業をして、お客さんからも「どんどん腕が上がってるね」と言われる。成長とはそういうものです。いい評価をもらっても、それから修練しなければそこまででしょう。問題は、評価と行動のいい流れをいかに創りだせるかなのです。その意味では「お前の寿司はまずくて食えたもんじゃない」というお客さんからの手厳しい評価であっても、それで奮起して本気で精進しはじめれば、それは「いい評価」なのです。

巷《ちまた》にあふれている自己啓発本の多くは、根拠のないかけがえのなさを振りまくばかりです。そこから後、かけがえのない人間は何を始めるか、という方向にまで行かないから、読者を気持ちよくさせて、はいおしまい、不安になったらまた本を買ってくださいねとしか言っていません。

だから少したつとまた不安になってきます。そこでまた本を読んだり、セミナーに出かけていくと、またあなたはかけがえのない人間だと言ってくれる。なので、自己信頼を保つためには、永遠にその先生の言葉を聞き続け、あなたはかけがえがなくてすばらしい人間だと書いてある本を読み続けなければならなくなります。

そのほうが、本は売れるのです。本当に人々を目覚めさせず、自分に依存させておいたほうが、ビジネスとしては儲かる。政治家だって同じです。ほんとうに人々が目覚めては困る。選挙の時だけ、あなた達は素晴らしい、なのにこんなに抑圧されている、その怒りをぶつけましょう、とか言います。しかし、票を取るためには、みんながほんとに目覚めては困る。選挙の時だけは国民を神様扱いし、しかしそう言いながら、選挙民を依存関係に置いておくのがいちばんいいのです。

そんなことには、私たちはとうに気がついているのではないでしょうか。しかし、それでも「あなたは素晴らしい」「あなたはかけがえのない人だ」と言われると、うっとりとしてしまい、「その言葉を聞きたかった！」と私たちは思ってしまうのです。あなたは素晴らしい。あなたはかけがえのない人だ。それはとても心地いい言葉です。しかし聞いただけでは何も始まりません。その後のあなたの行動が問題なのです。

私も情けない行動の権化だった

自分はかけがえのない人間なんだ、ということを認めた時に、まず、できなくなることがたくさんあります。

例えば、私はかけがえのない尊重されるべき人間なのだと思った人は、車の窓からポイ捨てはできないでしょう。かけがえのない人間が飲み終わったジュースの缶を車の窓からポイ捨てなど、恥ずかしくてできません。そもそも、ポイ捨てという行為は、オレだってどうせこうやって捨てられるような人間なんだよ、すべては使い捨てなのさという、人間の寂しさがそこにはあります。捨てる人自身が捨てられる空き缶と同じようになってしまっているのです。それは自分をポイ捨てする行為なのです。

その他にも、「どうせこんなオレだから」「どうせこんな私だから」といって、やってしまっている、情けない行為が、私たちには多いものです。しかし、自分がかけがえがない人間であるということになった時にはどうでしょう。私たちは、情けない自分が行っていた様々な行為をする時に、一瞬立ち止まることになります。そして、これはかけがえのない私がやることだろうか、と、ひと呼吸立ち止まって考えるだけで、私たちの行動は相当違ってくることになるでしょう。

今までだったらちょっとした一言でキレて、攻撃を始めてしまう。誰かから傷つけられたからぜったい復讐してやろう、という気持ちになって、ストップなしにやってしまったり、ウェブの掲示板などに陰湿な形で悪口を書き込んだりしていたかもしれません。しかし、そんな時に、「かけがえがない私ははたしてそういうことをするだろうか」と考えてみる。これは情けない自分がやろうとしているのであって、かけがえのない私はもっと大きな心をもって行動できるよ、と自分に話しかけてみるのです。

誰だって振り返ってみれば、情けない自分がやってしまっていることがたくさんあります。そんなことはまったくないと断言できる人は幸せ者だと思いますが、私なども自分の人生の中であまりにも情けないことを繰り返してきたので、そのことを思い出すだけで、今でも叫び出したくなるようなことがあります。何であんな些細《ささい》な一言でキレて、その後は周りにからみまくり、イヤミ言いまくり、毒づきまくりの無茶苦茶なことになってしまったのか……。ストレスの反動からか、飲み出したら止まらず、お祭り騒ぎになって、次の日の朝に起きあがれず、大学の講義を休講に……（実話です。社会人としてあまりに恥ずかしく、死にたくなりました。それも一回だけではなく、二回目の時は……）。学生の頃、論文の締切が迫っているのに、どうにも書く気が起きず、フラフラと街に出て、パチンコにはまり、朝から晩までパチンコを打ち続け、そして結局は大金をつぎこんで大損して、夜遅くに自己嫌悪のかたまりになって下宿に戻ってくる日々。そして、ここには到底書けないような、情けない行動の数々……。

読んでいる皆さんの、著者に対する信頼をあまりに失墜させてもよくないと思いますので、ここまでにしておきますが、私自身がそうした情けない行動の権化だったのです。そして、反省するに、そういう情けない行動は、情けない自分が引き起こしているのです。どうせオレなんてどうでもいいような人間なんだ、生きようが死のうが社会には何の影響もないし、今口野垂れ死にしようがどうなろうが、構ったこっちゃないんだ。……という、自暴自棄な意識が行動を生み出してきたように思うのです。もう少し正確に言えば、自分はかけがえがない存在だと思いたいのだけれど、現実には自分自身がまったくそうだとも思えない。誰も自分のことなど評価してくれないし、もう世界から見捨てられた存在なんだ、と悪循環にはまってしまったときに、問題行動発生！というパターンが、私の場合は多かったのです。

意識と行動はニワトリと卵の関係です。どちらが原因でどちらが結果とは言えず、二つは結びついています。自分がかけがえがないと思えないから、情けない行動をしてしまう。その行動がますます自分を落ち込ませ、自暴自棄にさせ、自分はどうでもいい存在なんだと思い知らされる、といった悪循環です。

ですから、そこから回復していくときには、意識と行動の両方に変化が起きるのです。私自身も、儲かりもせず時間だけ浪費して自己嫌悪の原因となっていたパチンコへの逃避に、さすがに自分自身でもあきれて、「いいかげんにしろ！」と自分を叱って、一切パチンコをやめてからかなりの年月が経ちます。それは自分を叱る声でもあり、「寂しいのは分かったから、もっとどうにかしようよ」という自分への慰めの声でもあり、「お前にはもっとやるべきことがある」という、私の内側から湧き上がってくる、かけがえのなさへの脱皮の声でもありました。

そして自己嫌悪を引き起こす場から自分を遠ざけるという行動が、自分への嫌な思いを止めることになり、それ以上の悪循環の流れを断つことになりました。もちろん、パチンコをやめただけで、すべてがうまくいくといった単純なものではなかったのですが……。

私は情けない人間ではないんだ、社会から見捨てられた、交換可能な消耗品、使い捨てなんかではなくて、かけがえのない人間なのだ、ということを自ら引き受けた時に、私たちのいろいろな行動は自ずと変化していきます。

先ほどの私のパチンコ中毒などは、まったくセコイ話で、お恥ずかしいかぎりですが、しかし小さなことに見えても本人にとってはかなりの大問題であることもあります。自己信頼を失っても、自分だけが傷ついているのだから、別に人の迷惑になっていないじゃないかという考え方もありますが、しかし私自身を振り返ってみても、自己信頼のない時ほどキレやすいし、他の人に暴力的になりやすいのです。実際に暴力はふるわなくても、他の人が失敗したのを見て心の底では喜んだり、他の人の成功を妬《ねた》んだりと、見えない暴力に自分が支配されてしまうのです。それはまさに悪意から生じる怒り、暴力であり、私たちは、愛と思いやりとはまったく遠いところに行ってしまうのです。

湧き上がる「何かしてあげたい」という思い

自分をかけがえのない人間だと認める、その時に自分の行動が変化します。そしてそれはもう一つの思いへとつながっていきます。それは、かけがえのないものだという扱いを受けられないで、使い捨てのように扱われ、尊厳をおかされている人を見ると、その人に何かしてあげたいという思いが湧き上がってくるということです。

苦しんでいるあの人をどうにかしてあげたい。あの人がかけがえのなさを回復してほしい。そのことが私のかけがえのなさにもつながりあっているのだと思えるようになるのです。

それが人間が社会的動物である、ということなのです。

私はかけがえのない人間であり、愛されるに足る存在だと自己認知をする、それだけでは社会的動物としてはまだ半分です。なぜならそこには、社会がないからです。自己愛はある。しかし社会がない。

社会から孤立したままで、自己愛のみで生きる。社会とのキャッチボールのない、単に自分が信じ込んでいるだけの「かけがえのなさ」は、単なる妄想に近いものとなってしまいます。

これまでの自己啓発本は、そうした孤立した自己愛を満たす商品になってしまうきらいがありました。根拠のないかけがえのなさの感覚を振りまく。私は愛されるに足る存在なんだ、素晴らしい存在なんだ、と思わせる。そして思ったのはいいけれど、思っただけで何も行動に変化はなく、社会から孤立しながら、自分のことを素晴らしいと思う人間がそのへんにごろごろいる、という状況です。それはある意味で、とても怖い状況ではないでしょうか。

私たちが社会的動物であることを取り戻す

深く傷ついてしまっている人、傷ついて私は無力で何にもできない使い捨ての人間だとしか思えない人と、根拠なき全能感にあふれた人とが、両極分化してきている、それが今の日本の状況です。

根拠なき全能感にあふれた人は、社会とは関わりを持たず、何の行動も起こすことなく、しかし自分は素晴らしい人間であると思っています。そういう人は試しに仕事をさせてみると、何もできなかったりします。それで、あなた何もできないじゃないの、と言うと、「私は傷つけられた」、と言ってすぐぺしゃんこになってしまうのです。

最初に私はかけがえがない、素晴らしい、と思うのはいいのです。ただそれは最終地点ではなくて、出発点です。かけがえのない君が、どんなふうに仕事をしていくのか、自己成長をしていくのか。かけがえがないというのは、何もかもできるということではないのです。全能の神になるわけじゃない。できないことがあれば、「ここはまだ足りないから、努力しよう」とか、当然努力をする。そうやって自己成長をしていく中で、私のかけがえのなさは強化されていくのです。

にもかかわらず、その強化のサイクルがなく、オレはそう思ってるんだ、オレって最高！　という、根拠なき自己評価で終わってしまう。社会性ゼロの全能感、社会性ゼロのかけがえのなさが横行しています。それはあまりにもろい全能感で、ちょっとしたことですぐに崩壊してしまいます。そして、その崩壊を恐れて、ますます社会から孤立して自分の殻に閉じこもることになります。

自分のかけがえのなさを感じるということと、それにともなう行動がワンセットとなっていることが、自己信頼を高めていくのです。ですから、閉じこもっている自分の殻から一歩出て、チャレンジしていくことが何よりも必要なのです。

根拠なき全能感に浸っている若者、社会からの冷酷な評価に傷ついて自己信頼を失ってしまっている若者、その両極分化が進んでいます。しかしそれは同じコインの表と裏です。評価を気にして、それを最終目標としてしまうような時代の流れの中で、しかし社会からは低い評価しか得られない。そこでその評価に自分が浸食されてしまってボロボロになってしまうか、社会との関わりを断って、自分の中だけでの全能感に浸るか。結局のところは、両者ともに社会とは没交渉になり、自分の殻に閉じこもってしまうことになるのです。しかし、そこから何が生まれるというのでしょうか。社会との関わりを断って、自分の殻に閉じこもることだけが幸福感を維持できる唯一の手段だという社会は、はたして幸せな社会なのでしょうか。私たちが社会的動物であることを取り戻すこと、そして、社会的動物が幸福に暮らせる社会へと造り替えていくこと、それが私たちのかけがえのなさの回復には必要不可欠なのです。

団塊の世代への提言

さて、これまでは若者を中心に考えてきましたが、それは若者だけの問題ではないことはもうお分かりかと思います。

社会の中での信頼を感じることができない。評価に縛りつけられているというのは、この日本社会の誰もが感じています。それは時代の病ともいうべきものであって、どの世代にも共通のものです。なかでも、特に団塊の世代の人たちは今後かなりの苦難に直面することになるでしょう。団塊の世代は、世代全体として捉えれば、戦後の混乱の中で、社会への信頼といった感覚を身につけることができないまま、育ってきたようなところがあります。そして社会に出てからは、高度成長経済の中で懸命に頑張ってきた人たちです。

この数年で、団塊の世代の人たちは仕事から退き、年金生活者になります。そこでささやかれているのが、この団塊の世代の人たちが、退職後にどのように生きるのだろうか、はたして幸せに生きることができるだろうか、という懸念です。団塊の世代は現代日本社会を今のような姿に作り上げてきた人たちです。信頼の喪失、評価への過敏な反応、そうした今の日本社会の特徴は、この世代の人たちが社会の中で実権を握っている時代に進行しました。それはとりもなおさず、この世代の人たち自身がそのような傾向を多分に持っていることを表しています。

青年期にはそれまでの社会の枠組みに反抗し、それを作り直すべきだと主張したにもかかわらず、社会人になるとその多くがシステムに過剰適応し、絵に描いたようなシステム人間になってしまった。そしてあまりにも多くの人数の中で群れとして育った団塊の世代には、ひとりひとりの「かけがえのなさ」といった感覚が希薄なので、自分たちの子どもに対する教育の中でも「かけがえのなさ」を次の世代に伝えることができず、団塊世代の子どもたち、いわゆる団塊ジュニアたちの世代に大きな問題を発生させることになってしまった、とは多く批判されるところです。

システムに属しているうちはいいのですが、退職してしまって、さあ、あなたの生きたいように生きなさいと言われたときに、いったい何が起こるのか。他の世代が心配する必要はないのかもしれませんが、しかし、この世代は日本のいちばん大きな人口のボリュームを占める世代です。なおかつ、定年退職者は退職してから、平均して三十年近く生きるのですから、この世代の人たちが幸せに暮らしていくかどうかは、これからの日本を左右することになるのです。

言い換えれば、この世代の人たちが、幸せな老人になり、下の世代にも、人生の生きる喜びを、人間のかけがえのなさを伝えられるような、「老賢人」となれば、日本社会にとってたいへんありがたいのですが、もしその反対になってしまうと、日本社会はたいへん暗いものになるということなのです。

退職して仕事を失い人間関係を失い、システムから得られていた自己肯定感を失い、年収も激減し、役職もなくなり、人からの評価も退職者ということでなくなってしまう。「評価」で生きてきた人たちが、それらを失ってしまうと、残りの三十年を楽しく過ごす要素はなくなってしまいます。私の友人が言ったように、幼少時に「信頼」が築き上げられていればそれでも大丈夫なのかもしれませんが、この団塊の世代には、そして特にこの世代のサラリーマンの男性達には、その信頼の感覚が弱そうだという懸念があるのです。

団塊の世代に対する私の提言はこうです。

退職した後にまだ三十年の人生があります。それは就職してから退職するまでに匹敵するような、長い人生です。その第二の人生に向けて、三十年の最初の数年間は、小学校に行くつもりで、仲間づくり、信頼を築き上げることに費やしたらどうかと思うのです。団塊の世代でも女性達は若い時代から仲間づくりに励んでいます。男性達も仲間はいますが、それは仕事関係の人間が多いのです。名刺交換ができているうちは仲間関係がある。しかし退職して、役職がなくなり、名刺もなくなり、ひとりの人間になってしまったときに、はたしてどれだけの仲間がいるでしょうか。上司だからちやほやしてくれていた部下ももういません。

その中で退職後の最初の三年は、仕事関係でない交遊を広げ、その中でひとりの人間としての仲間意識を身につける。そして、自分がかけがえのない人間だということ、役職とか役割とかそういうものにかかわりなく自分がかけがえのない人間なのだということを実感できれば、その後の二十年、二十五年が幸せなものとなるでしょう。

十歳くらいまでに信頼をしっかりと持つことができれば、残りの人生は何が起こってもしなやかで強く問題に対処していけるというのと同様、これから定年退職していく人は、退職して最初の数年間、信頼の初期教育を自分に施すべきでしょう。

それをやらないと何もかもをむなしく感じるようになってしまいかねません。さらに日本のこの状況の中で、お前たちはお荷物だとか、我々の年金を食いつぶしていく人間にすぎないとか、そんな奴には人権はない、などと言われて、非常に肩身の狭いことになってしまうことでしょう。

今までよくやってきた、がんばってきたと、過去の自分に対しては自ら思いやりをもってねぎらい、それを、自分はかけがえのない人間であり、かけがえのない私はこれから何をして生きていくのか、という問いへとつなげていくべきでしょう。ここでも、かけがえのなさの感覚と、それに基づく行動が求められているのです。

子ども時代に戻り、自分への信頼を作り直す

かつては会社は、あなたはかけがえのない人間だ、と思わせてくれるような組織でした。頑張って働けば会社も成長し自分も出世する、右肩上がりの状況においてはそれほど問題は起きなかったのです。しかし経済が不調になると、会社はお前の代わりはいくらでもいると言い出し、激しいリストラを行ってきました。たちまちのうちに、会社は冷酷な場となってしまったのです。

ずっと会社に所属して守られていると思っていた、自分はかけがえのない存在だと思っていた世代の、社会への信頼感、自己信頼感はガラガラと崩れていきました。

ですから、誰でも退職を機に、自分と社会への基本的信頼感を取り戻すということが必要不可欠になるのです。取り戻さないままでいたら、孫たちもおじいちゃんおばあちゃんの生き方を見て、ますます自分をかけがえのない存在として信じられなくなってしまうでしょう。

「信頼」を軸に生きている人たちの晩年を見ていれば、子どもたちも自分がゆくゆくは老いていって、生老病死の苦しみに遭うとしても、それは信頼に満ちたいい人生の後半だなあ、と思えるはずです。けれども、そうでない姿を年長者達に見せられてしまうと、子どもや若者達は生きていくのがとてもつらくなってしまうでしょう。

十歳までに信頼を形作ることが大切だといいました。しかし、もしそれまでに信頼を実感できなかったにしても、自分自身がその大切さに目覚めれば、私たちは子ども時代に戻って自分への信頼を作り直していくことができます。かけがえのなさを作り直すということは、可能なのです。

自分は使い捨ての人間ではない、かけがえのない人間なのだという発想から行動を始めていくことです。そこからボランティア活動を始める人もいるでしょうし、地域との関わりを始める人もいるかもしれません。海外に行って活動する人もいるかもしれません。現在の社会の流れに怒りをもって、プロテストする人もいるかもしれません。しかし、特段派手な活動をするのでなくても、周囲の人にやさしいまなざしを投げかけ、真の思いやりから、ある時は励まし、あるときは叱り、幸せをともに喜び、苦しみに寄り添う、それだけでじゅうぶん貴いことだと私は思います。

若者にとっても、団塊の世代にとっても、かけがえのない私の行動が求められているのです。

第四章　ネガティブなことに大きな価値がある

一見ネガティブに見える挫折や苦しみは、
神様があなたのために掘ってくれた穴ぼこです。
その穴に落ちることで、　自分が見える、　人生が見える。
その中でもがきながら、　私たちは人生の宝に出会うのです。

苦しんだり挫折したりの経験の重要さ

人は自分がかけがえのない存在だといつ気づくのでしょうか。

自分の人生は他の人の人生と交換可能ではない、他の人の人生を生きているのではなく、自分の人生を生きているのだと、どうやって実感するのでしょうか。

私は自然にそんなこと分かっていた、という人がいます。幸せな家庭に生まれ育ち、親からかけがえのない存在だというメッセージをたくさんもらい、友達にも恵まれ、学校の先生にも恵まれ、太陽をいっぱい浴びて育った大樹のように、大地に深く広く根を張って、すっくと立ち、輝きを発している人がいます。私の友達にもそういう人はいて、ほんとに素晴らしい人だなあと心から感嘆します。幸せなことだと思います。そんな人生が歩めたらどんなにいいことだろうと、うらやましくその人を眺めてしまいます。

しかし、私自身も含め、私の友人達を見回してみても、そんなにすべてに恵まれて、太陽さんさんという人は多くはありません。誰もが何かしらの問題を抱え、歪《ひず》みや悩みに直面しながら人生を歩んでいます。

そして、表面上の人生の成功と、かけがえのなさの感覚は必ずしも一致しません。学歴も申し分なし。職業も誰もがうらやむエリート職種。お金もあるし、何一つ不自由していそうもないのに、なぜか影が薄く、すぐにでも他の人と交換されてしまいそうな人もいます。本人もそのことに気づいていて、自分が自分の人生を生きている気がしないと、実は悩んでいたりします。

人生何の問題もなく順風満帆《まんぱん》に見えて、実はそうでなかったりする。それはどうしたわけでしょうか。

太陽の光をさんさんと浴びて、何の問題もなく、悩みも挫折もなく、それでいて強烈な個性を持ち、まったく他の人とは交換不可能で、かけがえのないエネルギーを発しているという人は、一握りの人たちだと思います。人生にはネガティブなこと、苦しんだり挫折したりというつらい経験が付きものだからです。

そして私は、実はこのネガティブな経験こそが、自分のかけがえのなさを実感する重要な出来事なのだと言いたいと思います。自分の人生への信頼にとっても、人と人との結びつきへの信頼、社会への信頼にとっても、ネガティブな体験が重要だと思うのです。

ネガティブを排除する社会

現代は、ポジティブでなければだめだ、ポジティブなことが多ければ多いほどいいと、ネガティブなことはどんどん排除しようとする社会です。ネガティブなことが起こりそうになったらできるだけ回避しようとする。そうして、人生でネガティブと思われることをどんどん抑圧して、人生の表面をなるたけ明るく整え、これ以上ないくらい明るい世界を歩んでいくのが一番いい生き方であるかのように、みな生きています。

学校でも、暗い子どもは、先生もなんとなくいやだなあと感じてしまいます。誰もが明るくハキハキとしていて、ニコニコとコミュニケーションを取り合っていて、明るさに満ち、暗い闇のようなものが微塵もないのがいいクラスである、と思うようなところがあります。暗い子がいたり、葛藤を抱えたりするのは、それ自体よくないことなのではないか、と思ってしまうところがあるのです。

友達付き合いでも、暗いことを言う友達は嫌がられることが多くなっています。やっぱり明るい人がいい、ネガティブなことは自分も言わないし、友達も言わないという関係がいちばんいいということになっているかのようです。「あいつ暗いよな」というのは非常に強いけなし言葉です。

ある時期までの日本では学生はみな暗いもので、大学生が酒を飲んだりすると、暗い話を陰々滅々と語り続けたものでした。けれども今暗い話をすると、あいつは暗い奴だということになって、それは全否定の言葉であるといってもいいような状況になっています。

暗い、と言われるのはお前はダメだという烙印を押されるのと同じ、ということになっていますから、若者たちはいかに自分を暗く見せないかということに苦心しています。テレビのお笑い番組が、質はともかく量的にどんどん増えているのもその表れかもしれません。

「明るくてエネルギーがない」の増加

表を書いてみましょう。

x軸とy軸で四つに分けます。x軸をエネルギーがある、エネルギーがない、の目盛りとします。y軸は上が明るい、下が暗いと取ります。

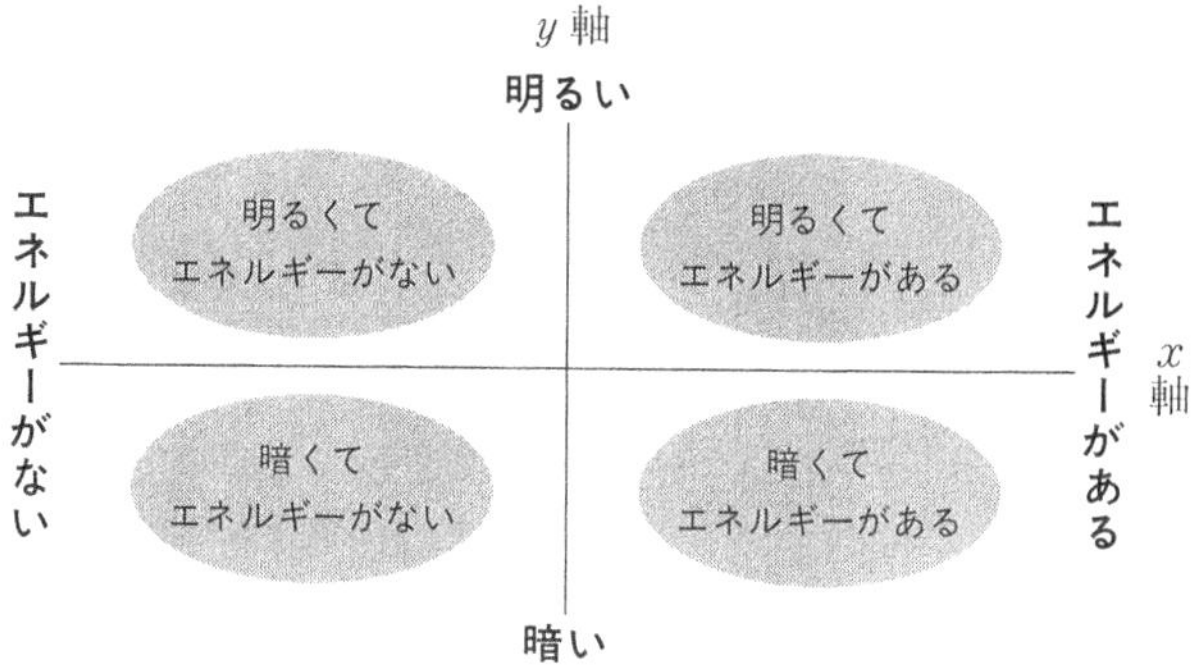

そうすると四つの傾向が出ます。明るくてエネルギーがある、明るくてエネルギーがない、暗くてエネルギーがある、暗くてエネルギーがない、の四つです。

昔は暗くてエネルギーのある人がたくさんいました。酒を飲んでいて、暗くて陰々滅々とした話を延々と続けるのだけれども、人生を考えたりする持続的なエネルギーがある人が多かったのです。みんなで暗い話をしているけれども、夜を徹して話し合ったりする、その飲み会の場にはエネルギーがあったものでした。

その反対に、いま多いのは、「明るくてエネルギーがない」若者です。一見明るくて元気そうだけれども実はエネルギーがなくて、何か薄っぺらいという感じがします。持続力もなくて、明るさもエネルギーも長続きしない傾向があります。根拠のない明るさなので、何かにつまずいただけで明るさがなくなって、すぐに暗くてエネルギーがない世界に転落していくということになります。その意味では、明るくてエネルギーがないというのと暗くてエネルギーがないというのは、実は非常に近いところがあります。

人間はエネルギーがあるかどうか、人間としての生命力があるかどうかということが重要なのではないでしょうか。エネルギーや生命力があれば、人生どんなことがあっても生きていけるものです。

反対に、根源的な生きる力がなければ、明るくてもダメな時はダメになってしまいます。逆に言えば、生きる力が衰退してきているからこそ、表面的な明るさ・暗さにこだわってしまうともいえるでしょう。

そう考えてみると、社会全体も、明るいけれどエネルギーがないという状態になってきています。明るいけれども生きる力を感じさせない人が増えているし、社会もちょっと明るさがかげると、エネルギー切れになって、一気に暗くなってしまう。そして、いっせいに問題が噴出してきます。

もっとも、昔は、暗いほうがいいんだ、社会に向かい合うこととは暗いものなんだ、とそこに凝り固まって必要以上に暗い人もたくさんいました。それはそれで困りもののところもあって、明るくてエネルギーのある人は正当に評価されなかったりもしました。

その意味では、今は明るくてエネルギーのある人は、昔よりは高く評価されるようになってきています。しかしその一方で、明るくてエネルギーのない人が増加していると私は感じています。

世間的ポジティブ

さて、そういった状況の中での、ポジティブとネガティブの意味について考えてみましょう。いま流行しているのは、これはポジティブ、これはネガティブと二分法で考えるやり方です。人生は全てポジティブに行けばいいという流れがそこにはあります。しかし、いったいそのポジティブというのはどういう意味なのでしょうか。

みんながポジティブだと言っていることが自分にとってのポジティブなのでしょうか？　もしそうだとすれば、それは第三章で述べた「世間の評価」と同じことです。「私」にとってポジティブということではなく、ポジティブの基準は世間にあって、私は世間の価値判断に浸食されているということの裏返しでしかありません。

そうだとするならば、世間でネガティブだと言われることこそが、自分にとってはますます重要になってきます。ポジティブなことを目指しても、よりいっそう社会からの評価に縛り付けられる自分になるだけで、自分自身の姿も見えてこないし、自分をめぐる社会のあり方も本当には見えてこないということです。

世間的なポジティブとは、いい高校に行っているとか、いい大学に行っているとか、お金がどんどん儲かっているとか、いい会社に勤め、会社の中で立派な地位についていて業績も上がっているとか、県庁職員になって親も鼻高々とか、世間のみんなが同意するような「いいこと」です。

有名な大学に合格すれば、ふだん疎遠な親戚のおじさんおばさんも「本当によかったね」と言ってくれます。お金が儲かっている状態、会社の業績が上がり、出世もしているということであれば、人生順風満帆のように見えます。まったくポジティブな状態で、何の問題もないといったところでしょう。

しかし、そういった「ポジティブ」な時に、実は表面上は明るくてうまくいっているようだけれども、裏ではいつのまにか土台が崩れ始めている、ということもあるのです。

お金が儲かっている、羽振りがいいということになれば、たくさんの人が友人の顔をして近づいてきます。私には多くの友人がいて愛されている、というふうに見えますが、いったん会社が傾いたりその人が病気になったりしてお金の回りが悪くなったとたんに、多くの友人達が逃げていってしまうということもよくあります。

お金というポジティブに見えるものがそこにあるからみんなが近づいてきたのです。お金に近づいてきたのであって、別にその人自身に近づいてきたのではないわけです。その人が破産したりして失意のどん底に落ちた時に、はたしてその人を助けてくれる人が何人いるのか、と考えてみれば、成功している時の交友関係をどこまで信じられるのかは、成功している時にはわからないということになります。

それはお金に限らず、高い地位にいたり、いい大学に合格した時のことについても言えます。有名大学に行っていたら親戚のおじさんおばさんもちやほやしてくれるかもしれませんが、大学を中退したということになったら、大学も卒業しないでどうしたんだ、あいつは落ちこぼれだということになって、親戚の中でも急に冷たい目で見られてしまう、そういうこともあるわけです。

そうすると、そこでのつながりは、はたして私自身とのつながりなのか、肩書きや地位、お金とのつながりなのか、ということになります。そして、単にお金や肩書きとつながっているのであれば、そのつながりは、「交換可能」ということになります。お金や肩書きとだけつながっている、お金を持っている人には人が集まる、お金がなくなった途端に人が去っていく。本当の自分、かけがえのない交換不可能な自分とつながっていたのではなく、お金を持っているという「属性」とつながっていた、交換可能な部分とつながっていたということなのです。

一見友達に恵まれているようだけれども、本当に自分自身が人とつながっているのかという確信は、お金のある時には非常に持ちづらいのです。

胸の大きい女性、美人が持つ疑念

話は急に飛ぶようですが、異性にアピールするポイントもそうです。若い女性から、「私はこんなに胸が大きいせいで、男性からの愛が確信できない」と聞いて驚いたことがあります。他の女性から、「私はちょっと美人系なので、付き合いで苦労している」とも聞きました。美人であったり、胸が大きかったりというのは、多くの男たちが注目するポイントですから、男性にもてていいじゃない、とふつうは思うのですが、本人達は「まったく反対だ」というのです。

確かに男性の視線は集まるし、しょっちゅう「好きだ」「付き合ってくれ」と言われる、でもそれは私自身ではなく、大きい胸が魅力的だからなのではないか、ちょっと美人系の顔が好きだからではないかと思ってしまうというのです。この人はほんとうに私のことを見てくれているのだろうか。単に私の表面だけを見ていて、好きだとか、付き合ってくれとか言っているのではないかという疑念が生じてしまうというのです。

なので、胸も大きくない女の子が、素敵な男の子と付き合っていたりすると、あの子はほんとに自分自身を好きになってもらっているんだわ、とうらやましく思うというのです。

そんなふうに女の子は考えているのかと、驚かされたことでした。しかし世の中には確かに女の子を胸の大きさで見るような男は存在しているわけで、彼女の言っていることも、うなずけないことではありません。ちょっと気にしすぎなのではないかとは思いましたが。（ちなみに、この話を他の女の子にしたら、「愛に確信が持てなくなってもいいから、私にその胸をくれ！」と怒っていましたが）

男性の場合はあまりそういう話を聞かないのは、不思議といえば不思議です。自分がハンサムだから女の子にもてるとかいうことに、不満を聞いたことはあまりありません。また、高い地位の人やお金持ちの妻になることを玉《たま》の輿《こし》に乗ると言いますが、そこには男のほうが不安になる要素があるわけで、前に挙げた女性たちのように、この女は俺の持っているこのベンツ、このポルシェに乗りたいだけじゃないのか、と不安になってもいいはずです。しかしあんまりそういうことに悩んでいる男性は見たことがありません。それはおそらく男は地位や富に対する自我同一化が激しいからでしょう。男はストレートに、「フェラーリに乗っている自分って素敵だろ」と思えるらしいのです。女性のほうがどこかで疑問を感じてしまうことが多いように見えます。

一見ポジティブに見えるけれども、その実生きている確信が持てない、この胸がもっと小さければ私は好意に確信が持てるのに、私がもっと人並みの顔だったら、本当に愛してくれていると確信が持てるのに、というような人は時々見かけます。一見ポジティブに見える中にも、意外な落とし穴が隠れているのです。

そう考えてみると、一見ネガティブに思えるようなこと、破産してしまったり、病気になってしまったりしても、なお一緒にいてくれる友人、励ましてくれる彼氏や彼女がいるというのは素敵なことです。「私は支えられている」と思える関係や、「これこそ真の友だ」と思える友人の存在を確信できることでしょう。

そういう時にこそ「共同性」を実感できます。つまり私は仲間に支えられていて、人は支え合って生きていくものなのだということがはっきりします。人生にネガティブなことが起きた時にこそ、「共同性」というものがよりはっきりと見えてくるのです。

金が儲かっている時にみんなでもっと儲けましょう、というのは当たり前のことです。利得があるからつながりが生まれているのであって、これは非常に分かりやすい話です。

しかし、この人と会っても金が儲かるわけでもない、地位が上がるわけでもない、にもかかわらず一緒にいる、ということが人間の共同性を支えるのです。

オートマチックな選択は交換可能な選択

何かの利得がある、利益があるから一緒にいるというのは、どちらかというとメカニカルな関係です。機械的にシステムの中でうまく機能しているということであって、お金が生み出されればみんながハッピーになるということは否定しませんが、これはしかし自動的、オートマチックな関係なのです。

オートマチックという意味は、その条件が与えられれば、システムの中で自然にそちらの方向に動いていくという意味です。そこには人間の意志は介在する必要がありません。

例えば、模試の点数がこれだけあるから、その点数で合格できる大学の中でいちばん有名な大学を選ぶとか、就職の選択をする際に、皆に人気のある企業に入社するといった選択を考えてみましょう。

そういう選択が悪いというわけではありませんが、しかしそれは極めてオートマチックな選択になります。確かに模試でいい点数をとれば、高校や予備校はその点数で合格できる一番偏差値の高い大学を勧めるでしょう。私が何を目指しているのか、私との相性はどうなのかとかはあまり問わずに、高校の先生や予備校では、機械的に勧める人も少なくありません。

そういう勧めに反して、例えば偏差値が八〇もあるのに、誰も名前を知らないような大学に行くというのはオートマチックではありません。東大に合格する点数があるのに、漫才師を目指すから某大の芸術学部へ行きますというのも、オートマチックではありません。それは皆から「変わり者」と言われるでしょうが、しかしその選択は明らかに「交換不可能な」選択になり、そこに「交換不可能な私」が生まれます。

偏差値八〇という人はめったにいないので、それだけで一見交換不可能な人に見えます。偏差値が五〇とか六〇ならば、それだけの点数を取れる人はたくさんいるのだから、交換可能だと多くの人は思うでしょう。確かに偏差値八〇というのはなかなか取れる数字ではありませんから、点数としてはかなり交換不可能だと言ってもいいでしょう。ただ、それだけ偏差値が高いのだから、当然東大の医学部とか法学部に行きます、ということになれば、それは実にオートマチックな選択になり、普通の選択、交換可能な選択ということになるでしょう。

一九九五年に起こったオウム真理教の一連の事件の犯人の中には、たくさんのエリート大学の学生たちがいました。しかし、そういう偏差値の高い大学を出ていても、自分が自分の人生を生きている気がしない、自分はシステムの中の単なる歯車ではないのか、という迷いにさいなまれる若者は多かったわけです。ただ、九〇年代半ばには、そうした虚《むな》しさは必ずしも私たちの多くが共有していたとは言えなかったと思います。しかし今となっては、その感覚はかなり私たちにとって共感できるものとなってきたのではないでしょうか。

一見成功しているように見えても、選択の根拠がオートマチックであるならば、それは交換可能な選択です。つまり「これだけの点数を取った人であれば、自分でなくてもそういう選択をするだろう」ということになります。取れた点数に応じてそこでの最大限の利得を取って、大学を決める。就職する時もその年の人気が証券業界ならば証券業界を選ぶ、流れがマスコミに変われればマスコミを志望するという具合です。

人気の企業に就職して、何百万もボーナスが出るとかいうことになれば、一般の感覚から言うとずば抜けています。ずば抜けているから一見それは交換不可能なように見えますが、しかしそれを支えている心の動機において交換可能な選択をしているならば、それはかなり凡庸な選択だとも言えるでしょう。

前述の話にも通じますが、美人の女の子がいて、ある男の子がその子を彼女にしたとします。美人であるから交換不可能であるように見えますが、その選択は、二人の女の子がいたら少しでも美人だと思えるほうを選ぶというのならば、実はきわめて交換可能な欲望に根ざしているわけです。

女性のほうも、裕福でフェラーリに乗っている男性のほうがいいという選択をして、男性側も美人系がいいやということで見た目だけで選ぶということになると、この二人の結婚は非常に表面的なことになります。

表面的であってもそれで幸せなら問題ないかもしれません。しかし、世間の言うポジティブに見えるほうをオートマチックに選択すればするほど、いつか自分の人生というものを考えなければいけない時がくると、自分に確信が持てなくなり、自分が交換不可能である、かけがえがないとは思えなくなってしまうのです。

神様が「落ちろ!」と準備した穴

実は世の中はそういうものではない。機械的な選択だけでは生きていけないんだということを教えてくれるために、不幸な出来事が人生には用意されているのかもしれません。希望の大学に落ちたり、ノイローゼになったり、失恋したり、病気になったり、家族関係が悪くなったり、人生には不幸の穴が待ち構えています。

しかしそういった、人生に待ちかまえている不幸の穴ぼことというのは、実はポジティブな方向をオートマチックに選択していくという、凡庸な行動原理を破壊するために用意されているのです。神様が「落ちろ!」と準備してくれていた穴だとも言えるでしょう。

その穴ぼこに落ちてしまったほうが、かけがえのないものに出会えるということも多いものです。我々がかけがえのないものに出会えるように、神様は日夜穴を掘ってくれているのです。

そして、不幸の穴に落ちた時に私たちは、自分にとってかけがえのないものはいったい何なのか、そして私自身がどれだけかけがえのないものであるのか、という問いに直面せざるをえないのです。


さて、こう書いてくれれば、これを読んでいる皆さんは、著者である私もきっと、その穴ぼこに落ちた経験があるのだと思われることでしょう。まったくそのとおりです。私自身も、神さまの用意した穴ぼこにはまったればこそ、いまここにいるのです。

講演などをしていますと、私は明るくて何の苦労も知らずにのびのびと育った、いい家のボンボンに見えるとよく言われます。眉間《みけん》にしわも寄っていないし、声も大きいし、何か楽しそうなので、そう思われてしまうのでしょうか。しかしそんな、何の問題もない人間が「かけがえのない人間」とか「生きる意味」とか、言い出すわけもありません。

おそらく私が「癒しの上田さん」になるスタートを切ったのは、大学一年の時にノイローゼになり、生きる元気がなくなってしまい、学年も一年遅れてしまうという、世の中の基準からすれば「ダウンした」という状況があったればこそだと思います。私は二十歳を前にしてほんとうに、自分の人生を前進させる力を失ってしまったのです。

もうどうしようもなくなって、とうとう大学のカウンセラーを訪ねた時のことを今でも思い出します。大学の時計台の下に相談室はあって、ふだんは登ることのない秘密めいた階段を上がっていき、ドアをノックし、そこで出てきた髭もじゃの「時計台の怪人」のようなカウンセラーに向かって、私はこう言ったのです。「ぼくは顔はニコニコしてるんですが、心はまったく違うのです」。

ほんとに顔は何事もなくニコニコしているのです。高校時代も大学に入ってからも、私は、若いくせに落ち着いていて、少々のことでは動ぜず、すべてを知っているかのように振る舞う若者でした。なかなかの人格者という構えで、友達の悩みとかも聞いてあげたりしていたのです。しかし、だんだんとそれが欺瞞であるということに気づき、耐えられなくなってきていました。自分自身がボロボロで、生きる元気がない。どうしていいのか分からない。なのに、顔はいつもニコニコして落ち着き払っていて、友達にアドバイスとかをしているのです。

　そのうちに、もうひとりの自分がちょっと離れたところから、いつも話しかけてくるようになりました。友達の話を相づちをうって聞いているときに、彼は「そんな共感もしてないのに、相づちうって感心したような顔するなよ」とかブツブツ言います。飲み会で友人に「そりゃ面白い話だね」とか言うと、彼は「本心ではこいつバカだな、レベル低いなと軽蔑しきってるのに、面白いなんて言っちゃってるのはどういうことだい」とか言う。私が言うこと為すことすべてに、彼が注釈をつけてくるのです。こんな人と一緒に暮らしていたら、毎日が楽しいわけがありません。しかし彼の言い分はいちいちもっともで、私の矛盾と欺瞞を鋭く突いてくるのです。

　顔はニコニコしているのに、心は寂しさの極限でした。自分は他の人の話を聞いてあげても、私の話を聞いてくれる人はいない。いや、他の人に悩みを打ち明けることも自分のプライドが許さない。というか、自分が何に悩んでいて、何が自分の生きる力を奪っているのかも分からないので、他の人に話そうにも話せないのです。

　そして私はどうしようもなくなり、カウンセラーを訪ねました。カウンセリングのポスターとかは大学に貼ってありましたが、「心の弱い奴が行くんだろうなあ」と思っていたし、自分が行くことになるとは思いもよらないことでした。

そして、それから一週間に一回のカウンセリングを始めることになり、私はそこで自分の人生を振り返っていったのです。

無頼派の父と演出家の卵の母

私が生まれたのは、東京の乃木坂です。青山と六本木の間にある乃木坂。そこに数百坪の土地を持ちアパート経営をしている家でした。乃木坂に数百坪の土地。おそらく資産価値は今なら数十億円でしょう。今その土地があれば、誰が「かけがえのない人間」などという本を書く人間になるでしょうか？　今ごろ左うちわの地主生活で、毎日赤坂や六本木で遊び回っているかもしれません。

こうやって本を書いているということは、既にその土地が消滅しているということです。その土地は私の父が売り払ってしまったのです。お金ほしさに、土地の実質上の持ち主である祖父に知られないように、こっそりと売り払ったのです。まだ私が一歳か二歳の頃でした。

この父は、小説家を目指す男でした。確かにいくつかの小説を雑誌に発表しています。何とか賞の候補作くらいにはなったようです。しかし、彼は遊び人を絵に描いたような人間でした。当時の小説家は、無頼派というか、酒と女と博打《ばくち》は当たり前の世界。真面目な小説家もいたとは思いますから、それは父のパーソナリティーの問題であるともいえますが、とにかく家がアパート経営などしているから、金はあるわけです。なので、自分は真剣に稼ぐ必要もなく、遊びまくる。麻雀は後にプロになったくらいの腕前、バーに入り浸り、至るところに女あり、といったような男でした。

その父と結婚した私の母は、これまたアート畑で、俳優座の演出部で千田是也という大演出家の助手をしていました。俳優座では愛川欽也と同期だったそうです。こちらはかなりハードに、昼も夜もなく演劇活動に打ち込んでいました。

小説家を目指しながら親のスネをかじって遊びまくっている男と、俳優座の演出家の卵が結婚したわけですが、母がなぜ父を選んだかといえば、周りには彼女に好意を寄せる真面目なお医者さんや会社員はいたけれど、彼らと話していて、あまりにつまらなかったからだといいます。彼らは話すことにもイマジネーションがなくて全然つまらない。それにひきかえ、父は小説家だから話は面白い。そして、女性にも優しい。まあ、それが命取りになるわけですが。

それに加えて、父と結婚すれば仕事を続けられるということも理由だったようです。劇団ですから地方公演があります。サラリーマンの妻であれば許されないでしょうが、そもそも家に帰ってこないで遊び歩いている私の父であれば、母も仕事で何日も家を空けることになっても大丈夫だというわけです。

私の母にはおそらく真面目なサラリーマンに対する反発もあったのかもしれません。彼女の父は、旧財閥系のお堅い銀行員でした。転勤族で、神戸が長かったようですが、終戦の時に熊本の支店長だったので、彼女も熊本の大学に行き、そこで演劇部を作って、演劇コンクールで主演女優をつとめて、優勝してしまいます。熊本の学生の世界では一大スターだったようです。しかし銀行員の父親は、演劇などは河原乞食扱いです。彼が忌み嫌う、左翼演劇が多かったこともあるのでしょう。そこで私の母は父親に無断で俳優座に入ることを決めて、東京に出てきてしまったというわけで、彼女は「お堅い頭」が大嫌いだったのです。

小説家の卵と、演出家の卵が結婚して、乃木坂に住む。何とも浮世離れしたカップルに見えます。そして、結婚はしましたが、父は子どもを作ることには非常に反対したそうです。自分にはとても子どもを育てられるような甲斐性がない、こんなふらふらしている人間なんかだめだ、と自分で言っていたといいます。

その判断は実に正しかったと言えるのですが、やはり子どもが欲しいという気持ちもあって、私が生まれました。

しかし家に帰らず遊びまくるという父のライフスタイルは、私が生まれてもあまり変化がなかったようです。そして、ある日突然、父は祖父に内緒で乃木坂の土地を売ってしまいます。もちろん祖父の知るところとなり、祖父は激怒しましたがもうどうすることもできません。

それで、私の一家は杉並の建売住宅に引っ越すことになりました。杉並区とはいっても、当時は畑や雑木林に囲まれた、乃木坂とは比べものにならない田舎でした。その家の書斎に父は作りつけの本棚も作らせ、さあこれから頑張って小説を書いて芥川賞をとるぞ、と宣言したようです。作家として立って、一家を養っていくぞ、と。

しかし、その新居に引っ越しの日、引っ越しが終わって、手伝いに来てくれた文学仲間に寿司でも食わせに行くから、と言ったまま、お金を全部持って、家を出て失踪してしまったのです。

お金を一銭も置いていかず、新居の米びつの米が毎日どんどん減っていくのに、何の連絡もなく、結局帰ってこなかった……、とは母の述懐です。

そして二人は離婚することとなったのです。

バイタリティー溢れる母との結束、そして思春期の暗い影

ここまで書いただけで、既にほとんどドラマのような物語です。引っ越しの日に失踪なんて、もうほとんどギャグといってもいいでしょう。しかしどこにも脚色は入っておらず、これが事実なのだから驚かされます。当事者の私が驚いていてもしょうがないのですが。

そうして我が家は母一人子一人となり、母は俳優座の演出部ではとうてい子どもを養っていけず、演劇の道を断念し、会社勤めを始めました。外国のドラマをテレビに放映する際の吹き替え用に、英語から日本語に翻訳する仕事に転じ、後に独立してフリーの翻訳家となりました。「ペリー・メイスン」や「じゃじゃ馬億万長者」というと、年配の方はご存知かもしれません。

さらに、今度はテレビではなく本の翻訳者となり、映画にもなった『推定無罪』（文春

文庫）などのミステリーの翻訳をして、ある雑誌発表の女性翻訳家番付の西の横綱にランクされるまでになりました。

しかし翻訳というのはほんとうに儲からない仕事で、我が家はずっと貧乏でした。それでも、母と子の結束は固く、私は母とほんとに一体だったと思います。私にとって頼れる人は母だけでした。その母にも、私がまだ小さい頃再婚の話もあったらしいのですが、私は母にべったりで「ママは再婚なんてしちゃだめだ」と反対したといいます。その時の殺し文句が、「大きくなったらママを世界一周旅行に三回ぐらい連れて行ってあげる」というわけで、そうなると母も再婚できなくなってしまいました。おそらく私はこの母を独占していたかった、誰かに奪われたくなかったのだと思います。

母はいつも信じられないほどたくさんの仕事を引き受けて、毎日徹夜で仕事をしていました。それでも当時のテレビドラマの翻訳家は、日の当たらない仕事で、報酬も低く、我が家には自家用車もありませんでしたし、カラーテレビも、「白黒のほうが想像力がつく」などと言って、友達の家ではどんどんカラーになっていってもずっと白黒のままでした。しかし、私自身のいまの仕事ぶりと比べてみても、母の仕事の量は半端なものではなかったと思います。家で仕事をしていたので、その姿を私はずっと見て育ったのですが、何かがのりうつったように、ものすごい集中力で、来る日も来る日も仕事をしていた姿をいまでも思い出します。

彼女のそのバイタリティー、人生めげずに進んでいくエネルギーを支えていたのは、男性社会への怒りだったのではないかと思います。日本が悪いのは政治家の男たちのせいで、男はいつも権力的で地位や名誉に引きずられ、正義を尊ばない。男たちが女を差別し、のさばっている。母は弱いものいじめが大嫌いで、強いもの、弱者を踏みにじるものを心から憎んでいました。日本が戦争へと突き進んでいく時代に教育を受け、しかし十五歳で迎えた敗戦でそれまでの世界がひっくり返り、自分の受けた教育は虚構だったのだと呆然とした母は、それ以後、権力や権威を心から嫌う人間になったのです。

同じ能力があっても男は出世し、女は脇役に追いやられている。社会の中で女は踏みにじられている。母はいつも男たちの欺瞞を糾弾していました。そして、男たちの中でも、一番どうしようもないのは、当然私の父だということになります。

そのことが、私の思春期に暗い影を落としていくことになりました。かわいい坊やがひとりの男へと変貌していく時期、それは母にとっても複雑な思いをいだかせるものだったでしょう。とりわけ私と母にとって悲劇だったのは、私が父親似だということでした。成長するにしたがって、私はあの父の容貌に近づいていきます。かわいい息子だったはずなのに、自分の前にあの忌まわしい男が立っている！　母は私の中に、あのどうしようもない父親の姿を見るようになったのです。

「あなたの中には、あの父親の邪悪な血が半分流れている。だからその血が目覚めないように気をつけないといけない」と母は私に言うようになりました。

しかし、私からすれば、それは私の責任ではありません。責任あるのはあんただろう？　何であんたはそんな忌まわしい血をオレに半分流したんだ、ということになります。

母にとってはものすごい恐怖だったのだと思います。十代の半ばになって、自分の息子があの憎むべき、どうしようもない男にどんどん似てくる。息子があんな男になってしまったら！　と考えるだけで、身の毛がよだつような思いだったことでしょう。

けれども息子にとっては、それは生まれながらの血であってどうしようもないわけです。例えば、お前は黒人だから汚れているとか、この身分に生まれたからけがれているとか、生まれながらの人種や身分で自分が否定されたら、どんな気持ちがするでしょうか。もっとも、人種差別や身分の差別ならば、それは社会的に作られた差別であり、みんなの幻想なんだと言うこともできます。しかし、私の中に父親の血が半分流れているというのはまったく疑いのない事実で、なおかつそのことで傷つき、怒り、その血を忌まわしいと思っている女性が、自分の母として、二人きりの家族の片割れとして、いつもそこにいるのです。

母への愛憎の噴出

遊んでばかりで働かない、口先ばかりで実行しない、誘惑に弱く、人生の試練に立ち向かえず逃避する、金にだらしがない……、父親の「邪悪な血」にはいろいろな要素はあったと思いますが、男としていちばん問題になるのが「性」でした。何といっても私の父は至るところに女を作る天才でした。そして女の家に転がり込んでしまって、自宅に全然帰ってこない。ですから母の「邪悪な血」への憎しみも、かなりの部分が、父のどうしようもない男としての「性」に対して向けられていたと思います。

しかし、思春期とは、「性」の目覚めの時期です。そして、私の中の父親の血への否定が、私にとっては多大な抑圧となって降りかかることになりました。

どんな母親もそうなのかもしれませんが、母は、私の性への興味については特別な嫌悪感を持っているように私は感じていました。テレビドラマとかで、突然ラブシーンなどが始まると、私の背後でイライラしている母親の目を感じたものです。女の子といちどエッチをすると、女の子はその男を好きになってしまって、一生つきまとわれる、などという恐ろしい話をされたこともありました。あと、いわゆる「女」を使って男に取り入り、自分のキャリアを築いていく同性の女たちを心から軽蔑し、嫌悪していました。「性」の大らかなよろこび、人と人を結びつける幸せな関係としての「性」ではなく、人間に問題を生じさせ、堕落させる、忌み嫌うべきものとしての「性」というイメージがそこにはあったのです。

しかし思春期の男の子にとって、「性」は新しい世界への出会いであり、憧れであり、自分自身を動かしていく、生命力の根源でもあります。思春期のある時期は、「性への欲望＝私」、みたいな時期があるものです。しかし、その「性」が、あらかじめ「邪悪な血」として否定されている。それは私自身にとって大きな抑圧となりました。

そこでは母子家庭というのも大きな問題になります。多くの家庭では、たとえ母親が性に対して多少過剰に否定的であっても、父親がいてとりなしてくれたり、お兄ちゃんの部屋でエッチな雑誌が発覚したり、妹が「お兄ちゃんのエッチ！」といった軽蔑のまなざしで見たりとか、何となくまぎれるような雰囲気が家庭内にはあります。しかし私の家の場合は二人しか家族がいませんからガチンコ勝負、一対一で逃げることもできず、まったくまぎれることもありません。これはきつい。

また、母は性格的にも非常にはっきりした人でした。何事も白黒ははっきりさせる人で、これが正しい、これは間違っていると決めていく。行動にはすべて理由を求めて、曖昧なことが大嫌いでした。まあまあみんないろいろ矛盾しているけど、適当にやっていきましょう、というのではない。それは、組織というものにいっさい属さず、自分の決断と決定で人生をすべて動かしていかなければいけなかった母にとっては、何よりも大切な資質だったと思います。しかし、それが家庭でもそうだということになると、かなりきついことになります。一対一の関係の中で、なおかつ曖昧かつ適当な領域もない。そういう意味でも逃げ場がないわけです。

幼少時から一体化し、二人三脚でやってきた家族に大きな亀裂が入り始めていました。私は自分が母のイミテーション、模造品のように思えてきました。ものの考え方が母の論理に染め上げられている。小さかったときにはあれだけ独占したかった母が、いまは自分を抑圧するものとして立ち塞がっているのです。そして、既に私という存在は母に浸食されていて、どこまでが私でどこまでが母なのかが分からない。

母は感情の起伏が激しく、怒るときの勢いもまた激しいものがありました。母しか頼るもののいない私は、小さいときから母の機嫌がとても気になる子どもでした。母がいつもニコニコと機嫌良くいてほしいと思い、機嫌が悪いと、自分が何か悪いことをしたのだろうかと思うような子どもだったのです。自分の部屋にいながら、母が食器を洗うのを聞いていて、今日は荒い音を立てて洗っているから機嫌が悪いのか、また何か雷が落ちるのではないかとか、びくびくしながら聞いているような感覚を今でも私はありありと思い出します。

母に愛されたいという、幼少時からの思いは続いていて、それゆえに母の機嫌を気にして、いい子にしていなければと自動的に感じる私がいます。しかし同時に母親に対する反発、自分を抑圧する母親への憎しみが噴出して止まらなくなり、その二つが私の中で軋《きし》みをあげていました。狭いマンションの中で、二人は顔をつきあわせて生活せざるを得ず、母は私の中のあの父親の邪悪な血を恐れ、私は母への引き裂かれた感情をどうしていいか分からず、混乱は極致に達していました。

そして、高校時代のある日、私は母にこう言い放ちました。

「あんたと別れるためなら、僕は外で人の一人や二人ぶっ殺したい！」

自分自身の否定という悪循環

母にとってはあまりにも可哀相な出来事だったと思います。小さいときから息子を必死に育て上げてきて、「世界一周旅行を三回」とか言われて再婚の話も断ってがんばってきたのに、その息子からこんなことを言われる。お前がオレにとっては大変な抑圧なんだと言われる。自分と別れるためなら一人や二人刺し殺したいと言う。どうしてこんなことになってしまったのか。どこで間違ってしまったのか、と呆然としたに違いありません。

あまりに親不孝な一言だったと思います。しかし、私の中にはそれだけの感情が鬱積していたのです。それは怒りなのか、悲しみなのか、名付けることもできない、そして到底コントロールすることもできない、感情の激流でした。

私の家庭は愛と憎しみのぶつかり合う場でした。母はもちろん自分の息子を心から愛している。しかし息子の中に流れている、あの忌まわしい父親の血は憎悪しているわけです。私からすれば、私の中のある部分は母親から愛され、しかしある部分は母親から強烈に嫌悪されているということになります。私という一人の人間が、愛される部分と憎まれる部分に引き裂かれてしまっていたのです。そしてその憎まれる部分が「性」であり、それはまさに思春期の男の子にとっては、自分の生命力の中心であり、アイデンティティを築き上げる基盤になるものでした。私は男としてのアイデンティティの核心を否定され、自我同一性の対象を失ってしまい、自分が何であるか分からなくなってしまったのです。

幼少期から、当然母親の評価を第一に私は生きてきています。しかし、私の中で湧き上がってくる、訳の分からないもの、しかし私のエネルギーの中心にあるものが、その母親によって否定される。母親に愛されるためには、自分自身を否定しなければいけない。そんな悪循環に陥ってしまったのです。

それでも何とか私は大学に入学しました。そういうキツイ言葉を母親に放っているわけですから、大学入学をきっかけに、自立して一人暮らしをする、家を出て行くのが当然だったでしょう。しかし私はそうしませんでした。大学生になっても相変わらず親のスネをかじりながら、お前のせいでこうなったとか、お前の存在が僕を侵食しているとか、そういう言葉を母親にぶつけていたのです。

本当に侵食されている、これはかなわんと思っているなら、「今日まで育ててくれてありがとう。ハイサヨウナラ」と自分から出ていけばよかったのです。しかし私は出ていくことができませんでした。

先ほどの四つの分け方で言えば、私は「暗くてエネルギーがない」という状態だったわけですが、そういう意味では、出て行く元気もないという状態だったのかもしれません。

これにはさすがに母も参ったようです。お前のせいでこんなに抑圧され、不幸になっている。そう言いながら、息子は母親から離れようとはしない。

母の「家族解散宣言」とニューヨーク移住

とうとう母は業を煮やして決断しました。私が二十二歳になった時、母は「じゃあ家族を解散しましょう」と言い出したのです。「二人しかいないから、家族を解散するのは簡単でしょう」と言って、母は「私、昔から住みたいところがあったからそこに住むことにするわ」と言って、家を出てしまったのです。行き先はといえば、アメリカ、ニューヨークのマンハッタンです。

一気にマンハッタンまで飛んで行ってしまうところが、母らしいところでした。母は国内で離れて住むなんて手ぬるい、と思ったのかもしれません。同じ東京にいたのでは家族解散にならない。ニューヨークのマンハッタンまで行ってしまえばもうめったに会えません。それに、ミステリーの翻訳者となっていた母は、小説の中に出てくる、「マンハッタン、何番街何丁目」といった世界に自分を置いてみたかったというのも本心だったと思います。それにしても、マンハッタンまで飛んでいってしまうという、その行動は、何もできずグダグダと文句を言っているだけの息子と対照的な思い切りの良さでした。

その時母はこう言ったものです。「今私が四十九であなたが二十二歳、今だったらこの日本の家を畳んで、荷物を作ってニューヨークまで移住する元気があるわ。でも、あと五年たって私が五十四、あなたが二十七になったら、ニューヨークに住み続ける元気はあるけど、日本の家を畳んでまでニューヨークに行くという元気はなくなっているかもしれない。そうすると、二十七になって大人になった息子に頼って生きていく、依存的なイヤな母親になってしまうかもしれない。だから今しか行く時はないのよ!」とタンカを切ったのです。演出家だったこともあるのか、彼女の行動はいつもなにがしか演劇的でもあって、舞台の花道で見得を切って、えいやっと人生を進めていくのです。

しかし、想像がつくと思いますが、四十九でこんなタンカを切って行動のできる人間というのは、五十四になってもぜったいタンカを切れるものです。実際、彼女は五十になっても六十になっても、相変わらずタンカを切りながら人生を歩んでいきました。

六年ほどニューヨークで充電して、日本に帰国してから、彼女はまたバリバリと仕事を始めました。ミステリーの翻訳家として多くの本を刊行し、翻訳界ではかなり知られる存在にもなりました。そして七十歳で仕事からは引退すると決めたのですが、ひっそりと引退すればいいものを、母の場合はそうはいきません。「私は、引退ダンスパーティーを開く！」と言いだし、ダンスホールを借り切って、作家仲間のバンドを入れ、テレビ局のアナウンサーをしている私の妻に司会をさせて、にぎにぎしくダンスパーティーを開きました。出版社の担当編集者などお世話になった人や、母を慕ってくれている年下の翻訳者もみんな集まり、母も踊り、みんなも踊り、踊りの中で翻訳家としての仕事から引退したのです。

私の母はこういう母親です。たくさんの人が、彼女のことを素敵だといいます。しかし、若い頃私は、この人が自分ではなくて、誰か他の人のお母さんであれば素敵なのになあとずっと思っていました。自分の母親であるというところが間違いなわけで、友達のおかあさんだったら、素敵な人だと言えたのに、というわけです。事実、私の母は私の友人などには絶大な人気がありました。

しかしこの母の過剰ともいえるエネルギーは、思春期以後の私にとってはあまりにうっとうしいものでした。考えてみれば、過剰なエネルギーを持った人が、違う意味で過剰なエネルギーを持った男と結婚して、そこに過剰な出来事が起こり、母はますます過剰になったというわけなのでしょう。

もっと普通の家に生まれていたらどうなっていたのだろうと思うこともあります。友達の家を訪ねたりすると、私はいつもとても新鮮な思いがしたものです。お父さんがいて、お母さんがいて、私がいて、姉がいて、妹がいる、といった、ホームドラマに出てきそうな普通の家族が、私にとってはとても新鮮なのです。そこでみんなが世間話などしようものなら、私の胸は高鳴ります。これが家庭というものなのだ……と。

しかし、ある時友人に「君の家族って、いかにも家庭っていう感じでいいねえ」と言ったところ、猛烈に反論されたことがあります。「日本中のどこにでも、掃いて捨てるほどある、平凡な家だよ、ウチは。平凡な父親、平凡な母親、そしてその中で育った平凡なオレ。それよりも、お前の家のキョーレツさにオレは憧れるんだ。こんな家族ちょっといないよなって言ったら、みんながうなずくじゃん、お前の場合は……」そう見えるのかと私は愕然とし、そしてそういう目で見直してみると、確かにそうなのかもしれません。こんな家庭はなかなかない……。その意味では、私の家庭はまさに「交換不可能」だったんだ……、しかしそのことに気づいたのは、ずいぶん後になってのことでした。

「お勉強」と「学問」の違いに気づく

「家族解散宣言」のあと、母は宣言通りにマンハッタンに移住しました。私の人生を妨害している主たる要因がなくなって、私のほうはよほど元気になるかと思ったのですが、そうはなりませんでした。「お前のせいだ」と言う相手、攻撃する対象がなくなって、逆に何をしていいのか分からなくなってしまったのです。何でも自由にできるようになったのに、全然人生が開けてこないのです。

私の中の男性を抑圧している母が去ったのだから、これからは女の子にモテるぞと思ったものの、絶望的なほどモテません。男子校で六年過ごしてしまったので女の子とどうやって話していいかもわからない。非常に真面目だったので、コンパなどに行っても、女の子と世間話ができない。流行ってる歌の話とか、芸能界のゴシップとか、新しく原宿にできたファッショナブルな店の話とかをしてればいいのに、そういう話が一切できません。これからの日本の政治はどうなるのか、世界の格差、南北問題はどのように解決するべきかなどという話題しかない人間でしたから、そんな人間がモテるはずもないわけです。自分の脇で女の子の笑顔を引き出し、楽しそうに語っている友人達を「何を軽薄な！」と軽蔑しながら、うらやましそうに眺めていることしかできなかったのでした。

それに加えて、私は大きな問題を抱えていました。それは自分の行動がまったくオートマチックな機械のようになってしまっているということです。

小さいときから私は「テストが上手な子」でした。限られた時間の中で最大の点数を取るという技術を習得し、それで受験を切り抜けてきたのです。

例えば、中学校の期末試験の時など、一時間目の試験が地理で二時間目が古文だとすると、一時間目が終わって十分間の休み時間には地理の答え合わせをしている生徒がいるものです。「世界一長い川って何だよ？」「ミシシッピ川だろ？」「え、ナイル川じゃないのか」「やべー、オレ信濃川って書いちゃったよ」とか。しかし私は彼らが馬鹿に見えて仕方がありませんでした。間違った答えを書いてしまったから馬鹿なのではありません。今ごろ答え合わせやっていったいどうなるんだよ。別に地理の点数が上がるわけじゃないだろ。この十分間は地理の答え合わせの時間じゃないんだよ。次の古文の試験のための暗記だろ。それをぐだぐだナイルとかミシシッピとか、お前ら馬鹿じゃないのか、というわけです。

こういう学生のほうが、テストで点数が取れます。そのちょっとした「心がけ」が積もり積もって大きな差を生み出すのです。しかし、そこには大きな問題が潜んでいます。

それは、地理をやろうが、古文をやろうが、私にとって両方とも交換可能だったということです。どちらも点数を取るための題材として存在しているのです。地理が終われぱすぐ古文に頭を切り替えて、地理のことは一刻も早く忘れる。それで「で、で、でる、でれ」とか、何段活用がどうとか、可能なのか受身なのかとか、今ではすべて忘れてしまったような知識を短時間で詰め込むわけです。

受験勉強の弊害だと言えるかもしれません。点数が問題なのです。点数だけを求めていて、その教科が好きなわけでは全くなかったのです。一所懸命勉強してはいたけれどもそれは単なる「お勉強」に過ぎなかったのです。そして大学に入ってから、そのお勉強のメッキがはげてしまったのでした。大学で求められているのは、お勉強ではなくて、「学問」だからです。

では勉強ではない「学問」とは何でしょうか。これは一言で言えば、「愛すること」です。愛して問うものが学問なのです。愛することなしに、お勉強だけでも、大学である程度の点を取ることはできます。試験前にノートのコピーをかき集めて、コピーに線を引いて、暗記して単位を取っていくということは、多くの学生たちが行っていることです。しかし、私は自分が好きだとも思っていない内容のコピーを集めて、暗記して単位を取っていくということが、だんだん耐えられなくなってきていました。

私には、ほんとうに好きなものがないのです。大学での講義の選択の仕方も、先輩たちが作ってくれた「楽勝単位の取り方」という小冊子を見て、最小限の努力で単位が取れる講義を選んでいました。最小限の努力で最大限の成果が得られる、それがいちばんいいことだと思いこんでいたのです。

しかし、そんな私の周りには、本当にその学問を愛している人たちがいました。例えば地理にしても、ナイル川はどういう変遷を経てきて今のナイル川になっているのかとか、ナイル川の古代遺跡からわかる文明はこうであるとか、そういうことを考えながらワクワクしている人がいるわけです。古文にしても、源氏物語の世界に入り込んでワクワクしている人がいる。単なるテストの点数のためのナイル川、点数のための源氏物語と、どんなに違うことでしょうか。勉強は点数を取るためにするものではないんだ、本当にそのことを知って楽しいから、それを愛しているからするんだ！　そのことを知ったショックは大きなものがありました。

展望が開けない、信頼できる友人もいない

何も愛することなく、点数という評価だけを得ていこうとしている自分。そういうふうに受験勉強をやってきて、それがそこそこ成功しているから今ここにいるわけだけれども、しかしそれは何の面白味もない人生であるということが、ある時点ではっきりとわかってしまったのです。しかしじゃあ自分は何を愛するのか、何にワクワクするのかと考えても、そんな対象が何もないのです。

母親に抑圧されていると思い、「こいつのせいでオレの人生は輝かないんだ」と言っ

ていられるうちはまだよかったのです。抑圧がなくなって自由になっても、展望は開けない。未来が全然見えてこない。自分が何が好きなのか、何にワクワクするのかも分からない。

そして、そのうちに心の中にもう一人の人格が出てきたのです。そしてその人格は、私のしていることを全部見ていて、離れたところから私に話しかけるのです。お前は人生全然楽しんでいないじゃないか。信頼できる友達もいないじゃないか。顔だけはニコニコしてるけど、全然ハッピーじゃないじゃないか。

何をしても楽しくない。私は理科系で大学に入ったのですが、一年目の理系の単位を、一つを除いて全部落としてしまいました。数学、物理、化学、みんな落第です。そもそも私はその学科に入る実力のない学生でした。模試を受けても、「合格は無理」の判定ばかり。しかし入試の時に奇跡が起きました。入学試験の時、数学で、予備校で習ったのと同じ問題が二題出たのです。それが合格の理由だと今でも断言できます。

それは一見、とてもラッキーなことです。奇跡が起こって合格できたのですから。しかし合格したものの、それからが最悪だったのです。ほんとに勉強ができる人間が周りにはごろごろいます。そして彼らは勉強が好きなのです。目を輝かしながら数学の問題を解いていたりする。同じ数学の問題をやっていても、私はいかに正解を導くかだけで悪戦苦闘しているのに、彼らは、この問題の背後には、実はこういった世界が隠されているとか、世界の見え方がまったく違うのです。

「好きで、できる」人間には、「嫌いで、できない」人間はぜったい勝てない。それが私の結論でした。点数の競争においても勝てないし、人生の喜びという点でもぜったい勝てない。私のように、好きでもないものを、ごまかしごまかしやってきた人間は、とうてい好きな人間の輝きには太刀打ちできないのです。

そういうことがわかってしまうと、自分のやる気がすっかりなくなってしまいました。ほとんどの教科で落第し、留年することになりました。そして身体の調子も心の調子もどんどん悪くなって、ついにカウンセラーの扉を叩くことになったのです。

政治運動にも心が傷つく

人生の最悪の時期のことを思い出していると、次から次へと最悪な記憶がよみがえってくるものです。

私にとって、もうひとつ最悪な出来事は、政治運動にありました。私の世代は、前の世代である団塊の世代とは違って、大学生の政治運動は完全に下火になっていました。しかしその中で私は運動に関わっていました。それも在日韓国人の政治犯救援運動という、今から考えると非常にハードな分野の運動です。

高校時代の先輩のお父さんが在日韓国人の団体の幹部で、韓国に渡ったところを逮捕され、当時の朴正熙政権という独裁政権の手によって死刑判決を受けたことがきっかけで始めた、高校生による素人運動でした。政治運動というより、人権活動といったほうが正しいかもしれません。

しかしこの活動は私にとってかなり辛いものでした。無実の罪で死刑判決が下された人を救おうという動機で始めたものの、活動の中では、当然日本と韓国の歴史を学んでいくことになります。そして植民地政策下で日本が行った出来事を知っていくと、ただでさえ自己否定の塊になっている私は、さらなる自己否定でますます落ち込んでいきました。

それでも、力を振り絞って、渋谷のハチ公前広場で「友達のお父さんを助けてください」とビラを撒《ま》いていました。しかし、誰も受け取ってくれない。たくさんの人がそこにはいるのに、みな無表情に無視して通り過ぎていく。これもショックでした。ここに無実の罪で殺されそうな人がいるのに、どうしてみんなこんな無関心なのか。こんなに人の心は冷たいのか。

今から考えると、どんな主張をしていようが、ビラを取っていく通行人はそもそも少ないわけで、そんなに傷つくことはなかったのかもしれません。しかし純粋な高校生にとっては、そのショックは大きかったのです。今でもハチ公前に行くと、その時の虚しさ、寂しさがありありとよみがえってくることがあります。

そして、大学に入ってから、私はますます落ち込むことになりました。

というのも、政治活動をしている人たち同士の仲があまりに悪いのです。人権活動、平和運動ですから、みな主張していることはほとんど似かよっています。弱者の権利を守ろう、恵まれない人の立場に立って戦おう。世界を平和にしよう。ところが、平和運動や人権運動をやっている人たち同士の仲が悪い。その主張はもう九九・五パーセント同じなのです。なのに残りの〇・五パーセントの違いにこだわって、お前の平和はオレの平和とこんなに違う、お前はオレの敵だ、とか言って、お互いに戦い合っているわけです。これにはメゲました。

それも、そうした活動をしているのは、大学生のなかでもごく少数なのです。前の世代とは違って、私たちの時代は既に、「大学生は遊ぶもの」「金があって、車があって、お洒落がいちばん」みたいな時代でした。その中で、世界を良くしよう、平和にしていこう、などと言って活動している人は、ほんとうにごくごく少数なわけです。その圧倒的にマイノリティーの学生たちが、その内部でほんの小さな違いにこだわっては戦い合っている。こんなことではいつまでたっても平和は来ない。苦しんでいる人たちをなくすことなどはできるわけもない。むしろやればやるほど、敵を増やし、暴力を増やすだけなのではないか。絶望的な思いにかられてしまったのです。

私自身が批判の標的にされたということもありました。人権運動の合宿に行ったときのこと、いかにも活動家といった男性が、私の攻撃を始めました。まったく素人の大学生ですから、確かに私の発言に甘いところはあったのですが、数十人の人が参加している、公開の話し合いの場で、彼は執拗に私の個人攻撃を始めました。お前のようなエリート大学に行っている人間には弱者の気持ちなどは分からない。お前のような奴が日本と世界を悪くしているんだ。お前のような奴は自分のすべてを否定することからしか始まらないんだ……。その場はどんどんリンチのような雰囲気になっていきました。あまりにひどいので、時々止めようとする人はいるのですが、彼はいっこうにやめる気配はなく、他の大多数の人たちも無言なまま、彼のふるまいを容認していました。そしてそれは数時間も続いたのです。

大学の名前というレッテルがここまで力を持つのか。その大学に行っていれば、すべてが権力者でエリート意識のかたまりということになるのか。私は愕然としました。学生の中でも圧倒的なマイノリティーとして平和運動に関わり、孤独感と戦いながら渋谷でビラを撒き、なおかつ心を病んでしまってカウンセラーに通っているような学生に対して、これだけ粘着的に攻撃を繰り返しながら、それが正義だと信じ込み、それが人に傷を与える暴力だとは思いもしない。自分の目の前にいる人がいま何を考え、何に悩み、どんな思いでここまで足を運んでいるのか、そんなことはおかまいなしに、人にレッテルを貼り付け、お前が敵だと攻撃することが、正しい運動だと信じ込んでいる。

ここには希望はない、と私は思いました。一人ひとりを活かす活動でなければ、ぜったい世界は平和なんかにはならない。傷つけあっているだけでは、ぜったい幸せにはなれない。

それはほんとうに最悪な体験で、私は大きな心の傷を負いましたが、今から考えれば、そこに希望がないことが決定的に分かったので、良かったのかもしれません。しかし、ならばどこに希望があるのかは、その時の私にはまったく分からなかったのです。

本気で話せば本気で聞いてくれる仲間がいる

少し希望の光が見え始めたのは、次の年からでした。

かなりの単位を取り損ねて留年し、次の年は自分の取りたい講義を取ることにしました。その前の一年は、自分が興味があるかどうかは関係なしに、単位を取りやすいかどうかだけで判断して選んでいたのです。しかし二年目は自分が本当に勉強したいことを選ぼうと方針を変えました。

その中に、ものすごい変わり者が集まっているゼミがありました。どの学部の人も取れるゼミで、「未来の社会を構想する」と、ものすごく大風呂敷なテーマが掲げられていました。それは見田宗介《みたむねすけ》という社会学者のゼミでした。見田宗介は『現代社会の理論』（岩波新書）などの著者で、同時に真木悠介という筆名で『気流の鳴る音』（ちくま学芸文庫）などの素晴らしい本を書いています。

このゼミは本当に変わった人が集まっていて、こんな変な奴がこの大学にもいたのか！ と驚かされました。彼らはみな語り合うことが好きでした。ことあるごとに集まり、時間の経つのも忘れて語り合いました。そして、そこではじめて、私は母親との葛藤や、政治運動の欺瞞や、「モテない君」の悲劇を語りはじめることができました。そして、そうやって様々な話をしていく中で、何について話してもいいのだ、自分がそのことを本気で思っているならば、と気づいたのが私にとって最初の変化でした。

自分はいかに異性にモテないか、とか、「モテる男なんかみんな馬鹿だ」と見下している自分に気づいたりとか、「チャラい」女は嫌いだと言いながら、しかしそういう可愛らしくておしゃれな女の子と付き合いたいと思っているとか、そういう屈折した自分のことを話していいし、みんなも「そうだな」と言って聞いてくれる。世界を平和にしたいんだけど、僕ひとりでは何もできない。自分は無力なんだ、と酔っぱらって泣きに入っても、オレも自分自身そう思ってたという奴あり、そんなことはない、小さなことからでも世界は変わるんだという奴あり、結論は出なくても議論は大いに盛り上がります。

自分が自分に正直であるかぎり、どこまでも自分を仲間にさらけだしても構わないということに気がついたのです。政治の話も、モテない話も、母親との葛藤も、本気で話せば本気で聞いてくれる仲間がいる。殻に閉じこもっていた私は、やっと自分自身を開くことを始めたのです。

その仲間の中に中野民夫君という人がいました。『ワークショップ』（岩波新書）という本も出している彼は博報堂に勤めているプランナーです。二〇〇五年の名古屋の愛・地球博では、NPOのパビリオン「地球市民村」の総合プロデューサーを務めたりもしていて、地球の未来を真剣に考え、行動を起こしている、私の親友です。

彼は、父方の祖父が大政治家の中野正剛、母方は太宰府天満宮の宮司の家柄という、立派な家柄の出だったのですが、彼も大学に入って自分に思い迷うようになります。そして思い切って大学を休学し、半年間ホンダの臨時組み立て工になってお金を稼いで、そのお金でインド放浪旅行に旅立ったのです。

インドから帰ってきた彼は、私たちの導きの師となりました。インドでいかに自分自身と深く出会う旅をしてきたか、彼の撮ってきたスライド写真や八ミリ映画を上映しながら、私たち仲間に伝えてくれたのです。それを見て、私も「インドに行けば自分に出会えるんだ！」と洗脳されてしまいました。こんな日本にいて、大学と下宿の往復をしていたって、渋谷のハチ公前をうろうろしていたって、何にも変わりそうもない。やっぱりインドなんだ！　行かなきゃダメなんだ！

ちなみに、そうやって中野君がインドに送り込んだ人数は、おそらく二〇人以上にのぼると思います。私たちの間では、彼は「インド教」の教祖といってもいいような存在でした。そして私もアルバイトでお金を貯め、リュックひとつのバックパッカーとしてインド貧乏旅行に旅立ったのです。

そして、このインド旅行が、私の人生の転機になりました。

人間には「存在感」というレベルがある

まず最初に驚いたのは、人間には「存在感」という次元があるのだということでした。インドの人は、「うわー、人間がここにいる！」という「存在感」を発散しています。貧乏人だろうが大金持ちのマハラジャだろうが、存在感がすごい。

空港を出たとたん、泥だらけの子どもが殺到してきます。私のシャツをつかんで「金をくれ」とせがむのです。その乞食の子どもの目の「金をもらうまでお前を放さないぞ」と言わんばかりの存在感は日本では体験したことのないものでした。

道端に倒れて今にも死にそうなおじいさんの存在感、隙《すき》あらば三〇倍の料金・代金でも取ってやろうとする悪徳タクシー運転手や商人の存在感、それは人間がむき出しになっているような、強烈な存在感でした。

考えてみれば、人間には存在感というレベルがあるのです。どんな高校や大学に行っているとか、どんな職業に就いているとか、年収がいくらかといった、自分の属性に先立つものとして、まずは存在しているということ、その存在感のレベルがあるのです。

そして存在感の濃い人と薄い人がいます。会合やパーティーのことを後から思い出しても、「あの人は来てた」とすぐに思い出せる人と、「来てたっけ？」と思い出せない人がいます。オレはここにいる！　と存在感を発揮している人と、いてもいなくても同じだから、のように存在感のない人と。そう、「透明な存在」「交換可能な存在」とはまさに存在感の薄さを表す言葉ですが、その存在感というレベルが人間にはあるのだということに、インドで初めて私は気づかされたのです。

「ノイローゼの若者」はどこに行ったの？

しかし、インドの人たちの濃すぎる存在感と付き合うのはたいへんな旅でした。

私は、ノイローゼ状態の大学生で、なおかつ小金を持っていたので、カモがネギを背負っているように見えるのでしょう、インド人が三十秒に一回ぐらい近づいてくるのです。オレの人力車に乗れとか、いい景色を見に行かないかとか、きれいな女の子を見せてあげるとか、麻薬を買わないかとか、サリーをお土産に買わないかとかの物売りが次から次へと近づいてきます。その逆に、お前の着ているシャツはいい感じだから売ってくれとか、カメラを売れとかいう人間も出てくる。そして、私は当時かなりの長髪だったのですが、お前の髪の毛を買いたいんだがいくらだ、とかいう不気味な男も出現してきます。そしてその人たちがむちゃくちゃしつこい。断っても付いてくる。振り切るだけでたいへんです。

そして、インドでは値段を一〇倍ぐらい平気でふっかけてきます。ポーカーフェイスで言われるので、最初は言われた金額を払っていたのですが、やっと値切らなければいけないと気がつくことになります。しかし値切るのが難しい。英会話学校で習ったような、「Please discount for me.」とかは通じないのです。ならばもっと丁寧に、「Would you please discount for me?」と言えばいいのかというと、ますます通じない。それは当たり前で、英会話学校で習った、「口先英語」を話したところで、言葉の意味は通じても、私の存在全体は相手に対して、こいつはますますカモネギだというメッセージを発しているわけです。そんなことをやっていたら、値切りどころか、値段はもっと上がっていってしまい、ここにカモがいるから集まってこいと、ますます人が集まってきてしまうわけです。

それまで、私の声は自信なさげに小さなものでした。しかしあまりに騙《だま》されていると、さすがにだんだん頭に来て、大きな声を出すようになってきます。そして何日もの苦闘の末に、最終的に私は値切りの極意に到達しました。タクシーの運転手が法外な一〇〇ルピーとふっかけてきたら、そいつの目をがんと見すえ、頭だけで考えるのではなく、もう私のつま先から頭の先まで全身全霊で「一ルピー！」と念じ、そこら辺を歩いている通行人も全部私の人生劇場の観客だと思い込み、そのエネルギーが最高潮に達したところで、全身から雄たけびのように、「おい、お前、一ルピーにしろ！」と絶叫するのです。そうすると、相手は一瞬立ちすくみ、値段は下がっていきます。それは、もう英語であっても日本語であっても通じるのです。

存在感同士の闘いで、存在感が勝った者が勝つのです。値切りは喧嘩なのです。身体を張らなければいけないのです。そのことが分かってからは、私のインド旅行は、毎日喧嘩をしまくり、声は大きくなるわ、アクションは激しくなるわ、あのノイローゼの若者はどこに行ったの？　みたいな状態になっていきました。

インドで全身全霊で叫ぶ

そのときに気づいたことがあります。悪徳商人や値段をふっかけてくるタクシーの運転手に出会って、小さな声でカモネギをやって、まさに自分は被害者ですよといった態度の時は、彼らはどんどん攻めてきて、私からむしるだけむしりとろうとするのです。しかし、値切りの極意を身につけ、身体ごとぶつかっていくと、彼らは「お前、なかなかやるな！」「もうインドの素人ではなく、強者《つわもの》だな」という顔で、ニヤリと笑い、オレもお前もお仲間だ、オレも商売がんばるから、お前もがんばって旅を続けろよ、みたいになっていく。悪人で加害者のように見えていた人間が、なぜか仲間のように変貌していくのです。

私が自分から被害者になっているとき、世界は加害者だらけになる。しかし被害者から抜け出して、「オレはこれが欲しいんだ！」と心の底から絶叫し、行動すれば、世界は仲間になるんだ！　その感覚は強烈でした。

そうなのです。自分が被害者であるという意識が、世界の加害者性を引き出してくるのです。私は被害者だと自分にレッテルを貼る行為は、お前は加害者だと相手にレッテルを貼る行為です。そうして世界は加害者だらけになってしまいます。世界から攻め込まれたら、「それは嫌だ！」とか「私はこれが欲しいんだ！」と声をあげなければいけない。そうすれば、相手は「オレはこれが欲しい」といい、私は「違う、オレはこれが欲しい」といい、欲しいものは違うかもしれないけれど、同じ平面に立つ仲間になれるのです。

私は、全身全霊で「こうしたい！」「これが欲しい！」と思ったことが、それまでの人生ではありませんでした。周りの評価を気にしたり、その場の雰囲気をまず考えるという、この本でこれまで述べてきたような人格でしたから、ほんとに「これが欲しい！」という思いをもったことがなかったのです。唯一の例外は、思春期からの「女の子とエッチしたい！」という強烈な思いだったと思いますが、その思いは、母の「好きでもない女の子とエッチすると、一生つきまとわれるのよ」という呪《のろ》いの言葉に阻まれ、また「そんなこと言い出して、女の子に嫌われ、軽蔑されたらどうしよう」と、嫌われ恐怖症候群に襲われて、常に自分の中で否定され、抑圧され、自己嫌悪の原因となっていたのでした。

インドでの「一ルピーにしろ！」の値切りは、私にとって大きな人生のレッスンだったのです。それまでの人生の中でずっと「これが欲しい！」と声をあげることができなかった私が、初めて恥も外聞もなく大声を上げて、これが欲しい！　と言う。そして、相手がニヤリと笑い、「お前も、やるのう」と自分を認めてくれる。

思い返せば、「あんたと別れるためなら、僕は外で人の一人や二人ぶっ殺したい！」という親不孝な一言も、心の底からの全身全霊の叫びでした。母に投げつけたその言葉は、「私は被害者だ！」という叫びだったのです。そして、そこから抜け出したいけれど、どうすることもできない、という悲痛な叫びでした。しかしその叫びがあったからこそ、インドに来ることにもなったのでしょう。

そして、今度の叫びは、ノイローゼの若者がそこから脱出するきっかけになる叫びだったのです。

裸の自分と出会う

インド旅行の極意を身につけてから、その旅行は快楽に変わりました。一泊六〇円とか一〇〇円のホテルに泊まり歩きながら、混沌としたインドのエネルギーが心地良く、大声で怒鳴りながら、辛いカレーを食べ、都会の雑踏を徘徊《はいかい》し、インドの色とにおいに染まっていきました。他人の目がどんどん気にならなくなり、着ているものは汚れ、ボロボロになっていきます。熱い南インドでは、下半身に身につけているのはトランクスだけという格好で町中を歩いていました。下着一枚だけで歩いていたのですから、今思い返すと冷や汗ものですが、私にとっては、まさに身につけたものを一枚一枚脱ぎ捨てていき、裸の自分に出会う旅だったのです。

マハトマ・ガンジーの墓を見学していたときに、日本人の団体観光客と会いました。それはもうヨーロッパもアメリカも行き飽きたわ、といったお金持ちそうなおばさまたちのツアーでした。市内のホテルに戻るということだったので、私は大型バスに同乗させてくれないかと頼みました。あまりにボロボロのなりの青年の申し出に、ツアーガイドは露骨に嫌な顔をしましたが、おばさまたちは「あら、いいじゃない、バスはガラガラなんだし」と快諾してくれました。そして私は、一行が泊まっている超高級ホテルでお茶をご馳走になりました。私の旅行の経験を話すと、みな仰天です。外は危険だからと、ガイドから自由な外出を禁じられていたおばさまたちは、高級ホテルに泊まり、大型バスで観光スポットを移動し、インドの雑踏も闇も知らなかったのです。そして、ひとしきり話をして、お別れを言ったとき、ひとりのおばさまがいかにも感極まったという面持ちで、「あなた、これを持って行きなさい。がんばるのよ」と言って、ナプキンに包まれたものを私の手に押しつけたのです。ホテルを出て、ナプキンを開くと、それは朝食の食べ残しのパンだったのでした。

身なりはボロボロになりましたが、旅は絶好調でした。まさに、ボロは着てても心は錦、です。そして、私のノイローゼはどこかに吹っ飛んでいってしまったかのようでした。毎日が楽しい、輝いている。私は心の底からそう思えるようになったのです。

日本では何かが空回り

しかし、二ヵ月ほどのインド放浪の後、日本に帰ってきた私を待ちかまえていたのは、逆カルチャーショックでした。大学に行ってみると、どの学生もふらふらと歩いているようにしか見えない。まるで存在感がなくて、幽霊みたいなのです。街に出ても、どこもかしこも幽霊たちが歩いている。

どうにもやりきれないと思ったのは、学生食堂に行って、自動給茶機でお茶を飲もうとしたときです。紙コップを置いてボタンを押すと、ぶじゅぶじゅとお茶が出てきます。それを飲んだとき、なんてエネルギーがないお茶なんだ！　いったいこの社会は何なんだ、と思ったのです。インドでは三円も出せば、お茶屋のお兄ちゃんが目の前で、ギューッと濃い紅茶を入れ、砂糖とミルクをたくさん入れてかき混ぜ、ハイッと渡してくれます。そのお茶にはエネルギーがあるのです。この給茶機から出てきたぶじゅぶじゅのお茶と成分を比較すればほとんど同じかもしれませんが、お茶の存在感が違います。インドで、ハイどうぞ！　と差し出されるお茶は飲めば元気になりますが、ぶじゅぶじゅのお茶は、飲めば飲むほど元気がなくなるような気がする。そして、その時、瞬間的にひらめいたのです。このエネルギーの違いが分からないから、僕はノイローゼになったのだ。世界に、存在感というレベルがあることを知らなかったから、こんなに苦しんできたのだ、と思ったのです。

しかし、そう思ったものの、日本ではなかなか物事がうまく運びません。

私はインドの民族衣装を着て大学に通うようになっていました。他人の目を気にして生きる、昔の私からすれば、とてつもない変貌です。そして、「みんなもインドに行ったら心が解放されるよ〜」と説き始める。これはインドに行った人の、二人に一人はかかってしまう、インドかぶれという伝染病なのです。インドのことを、まあまあ好きという人はいません。無茶苦茶好きになってかぶれてしまうか、まったく肌に合わず、拒否反応を起こすかのどちらかです。私の知り合いで、空港に下りたとたん、「ここは駄目だ」と言って、空港の外に出ずに帰った人もいます。そして私はインドかぶれのほうになってしまったわけです。

本人はとてもハッピーなのですが、これが空回りなのです。だいたい大学の講義に、留学生でもないのに、インドの民族衣装を着ている奴がいるのは不気味です。それに当時の私はすごい長髪で髭ぼうぼう。「あまりにキモいよ」というところでしょう。特に政治運動をやっている仲間からはまったく不評でした。「世界にひとりでも不幸な人がいるうちは、自分の幸福はない」なんて言ってたお前はどこ行っちゃったの？　お前だけがハッピーになっても、世界の問題は何も解決してないよ。社会変革を志してたんじゃないの？　というわけです。

そして、私の悩みや苦しみを聞いてくれていた仲間の中にも、私の変貌ぶりに驚き、違和感を感じる人が続出します。あんなに苦しんでいたのに、こんどは急に何でそんなにハッピーなの？　あまりに不気味、というわけです。言われていちばんショックだったのは「おい、上田。悩んでいたときのほうが、よっぽどお前らしかったぞ！」という一言。本人は、やっと苦しみから脱出し、自分を見つけた！　と思っているのに、なぜかそれは私らしくないと言われる。いったいどうして？　こんなにハッピーなのに……。何かが空回りなのでした。

訪れた場所にエネルギーがあるわけではない

しかし、日本社会はやはり他人の目を気にする社会です。そして、私もインドかぶれの伝染病がおさまってくると、さすがに他人の目が気になってきます。インドの民族衣装で大学に行ったり、山手線に乗ったりするのはヘンだろうと思えてきます。そして、ある日、民族衣装も脱ぎ、髭も剃り、散髪もするということになります。しかし、そうすると、いつのまにか、あの元気もなくなってくるのです。また日本での日常が戻ってきて、そこには変わらない私がいて、日本社会があって、自分の人生はどうにもならないという無力感が襲ってくるようになります。ダイエットのリバウンドのような状況です。

これはまずい、ということになって、こんどはまたお金を貯めて、インドネシアのバリ島に行ってみます。バリ島は芸能の島。心和ませる棚田《たなだ》の風景、アートいっぱいの人々の暮らし、そして民俗芸能のケチャを見て、男たちの、チャッチャッチャッチャッチャと いうリズムにはまり、また元気になります。しかし、日本に帰ってチャッチャッチャッチャと いうリズムが止まってしまうと、また元気がなくなってしまう。

それで、これはいけない、となって韓国に行きます。人権活動の中では、日韓の悲しい歴史だけが強調され、落ち込みの原因にもなった韓国ですが、行ってみると庶民のエネルギーがすごい。人々は歴史の被害者としてだけ生きているのではないことが実感されます。市場の活気、飲み屋の活気、そしてプルコギを食べ、キムチを食べ、焼酎を飲み、語り合う。そして、元気になる。しかしそこでもキムチパワーだ！　と言いながら韓国でキムチを食べているときは元気いいんだけれども、日本でおしんこを食べていると元気がなくなってきます。

またこれではいけないとなって、母のいるニューヨークを訪ねます。するとニューヨークでは、みんなの歩き姿が違います。肌の色が違う人たち、エスニシティーが違う人たち、そんな多様な人たちが、みんな胸を張って堂々と歩いている。ひとりひとりが個性を大切にし、自分が主役だといった感じで歩いているのです。そして私もニューヨークでは胸を張り、自分が自分の人生の主役だという意識で歩き回るのですが、しかし日本に帰ってくると、なぜか背が丸まってくる。

何回かそういった旅を繰り返し、これではいかん、と思いました。あそこに行けば元気になる。戻ってくると元気がなくなる。それでまた行く、戻ってくる。ひたすら繰り返しです。何がいけないのでしょうか。それは訪れたその場所にエネルギーがあると思ってしまうことです。確かにインドはものすごいエネルギーがある場所です。しかし、そのエネルギーをもらって私が元気になると思ってしまうと、日本に帰ってきて「インド切れ」になってしまえば、元気がなくなってしまうことになります。実際は、インドのエネルギーと私のエネルギーの何かがスパークして、その相互作用で元気になっているはずなのに、それを「インドのせい」だと思ってしまえば、インド依存症になってしまいます。

どうやったら元気になれるのか

私の処女作に『覚醒のネットワーク』（カタツムリ社）という本があります。世界の変革は、自分の心の変革と、社会の変革が同時に起こらなければいけないと、まだおじさんになる前の純粋な若者が書いた本です。自分で言うのも何ですが、非常にピュアで素晴らしい本なのですが、この本を出版したときに、ある友人から、「暴力団関係の本を書いたんだって？」と言われたことがあります。彼は勘違いして、『覚醒剤のネットワーク』だと思いこんでいたのです。

しかしそう言われて、私は「なるほど！」と気づいたことがありました。あなたを元気にしますといった本がたくさん出ています。あなたを元気にするというセミナーや講演もあります。もちろん宗教もそうでしょう。しかし、そういった、「あなたを元気にする」ものが覚醒剤のように売られてしまえば、それは依存と中毒を引き起こすだけです。

私のインドもそうでした。確かにインドは素晴らしい。でもインドに行きさえすれば、あるいはバリ島に行きさえすれば元気になるというのは、ある種の覚醒剤のような言い方です。覚醒剤を打てば元気になる。でもヤクが切れれば元気がなくなる。それどころか禁断症状、リバウンドでたいへんな苦しみになります。そして、また覚醒剤を打ちますが、前と同じ量では効かない。どんどん打つ量が増えていき、もっともっとと強い刺激を求めていき、心も身体もボロボロになっていくのです。

それではダメだ、と私は思いました。あそこに行って元気になる、戻ってきたら元気がなくなる。それを繰り返していては永遠の往復運動です。そうではなくて、どんな時に人は元気になるのか、何によって元気が奪われるのか、そこにはどんなメカニズムがあるのか。そういった根本的なことを考えてみなければいけない、と思ったのです。

そしてそのときにひらめいたのです。そうか、それを研究のテーマにすればいいんだ。自分の人生で、そのことがいちばん知りたいことなんだから。そして、単に知りたいだけじゃなくて、それは今の自分にとっていちばん必要なことなんだ。ちょっとは人生に光が射してきたとはいえ、どうして自分はこんなに舞い上がったり落ち込んだりするのか、どうしてこんなに寂しがりやなのか、どうしてこんなにおバカなことをたくさんしてしまうのか、そして自分はこれからどう生きるべきなのか……、どうやったら元気になれるのか。そうだ、そのことをこれからテーマにして生きていこう。

ようやく、私は人生のテーマに出会ったのでした。ナイル川やミシシッピ川と答え合わせをしている友人たちを馬鹿にしていた「テスト小僧」だった私、本当に何かに興味を持ち愛している友人たちに会ってショックを受け、しかし自分は何をやっていいのか皆目分からなかった私に、やっと「これをやってみよう！」と思えることが出現したのです。

「人生は衝突だぁ〜」

二十代の半ばから、私はそのテーマに邁進《まいしん》しました。

大学では文化人類学科に進み、その中でも宗教人類学とか医療人類学という分野を選びました。世界の様々な文化の中で、人々はどんな時に元気がなくなって病になり、どうやって回復していくのか、それがテーマです。

もう一方で、私は自分自身を見つめるセミナーやワークショップにたくさん参加しました。それは心理学者が主宰している、エンカウンター・グループといって、一〇人くらいの人が輪になって、ただただ語り合うといったものや、演劇ワークショップといって、身体や声を使って、演劇仕立てで自分自身を見つめ、他の人とのコミュニケーションを体験するといったものもありました。インドの瞑想の先生が来日したときにそのワークショップに行って、自分を見つめる瞑想をしてみたり、呼吸法を使って自分の深層心理を探るという先生がアメリカから来日して、そのワークショップに行ってみたり、また当時は、会社が運営する、自己啓発セミナーも盛んだったので、高いお金を投じて、そうしたセミナーにも参加してみたことがあります。とにかく私は、自分とは何なのか、ということが知りたかったのです。

いろいろな自分が見えてきました。笑いあり、怒りあり、涙ありのたくさんの体験をしました。おバカな体験も数限りなくありました。

ある自己表現ワークショップでは、私が前に立ち、二〇人くらいの参加者に自分を語りました。心から自分を表現し、みんなに伝えているはずなのに、参加者の評判はまったくダメです。「何か偉そうにしゃべってる」「ボクはこんなに素晴らしい人間だって、イヤミな感じ」「ダメな自分を隠そうとしていて、何かヒミツがあるみたい」「全然エネルギーが伝わってこない」。もう散々です。そして、参加者たちが口々に言うのです。「本当のあなたを見せて」「もっと伝えて」「あなたを出して」……

混乱の極でその場に立ちつくし、いったいどうすれば自分が表現できるのかを考えました。しかしまったく分からない。何かを言えば、さっきみたいに「カッコつけてる」とか「ウソついてる」とか言われる。どうすれば自分を表現して、みんなに伝えられるんだ？

立ちつくすこと数分。突然、自分の中で何かが爆発し、私は「人生は衝突だあ～！」と大声で叫ぶと、急に走り出しました。みんなが見ている前でダッシュし、全速力で部屋の壁に激突する、またダッシュして別の壁に激突、それを何回も繰り返したのです。これには参加者たちも唖然……。言葉を失い、しかし、「上田さん、やっとあなたが見えたわ！」「うん、君のエネルギーが伝わってきたよ！」「殻を破ったね！」と、お褒めの言葉をもらいました。

やったー！　とうとう自己表現できたんだ！　と有頂天になって帰宅する途中、興奮が冷めてくると身体の節々が痛いことに気づきました。特に脇腹が差し込むように痛い。それで次の日医者に行って、レントゲンを撮ると、見事に肋骨《ろっこつ》が数本折れていました。

自分でわざわざ壁にぶつかって、自分で肋骨を折る。バカです。ある意味では「人生は衝突だあ～！」は自己表現としては正解だったという気もしますが、ほんとにバカです。

しかし、様々なことが複雑にからまりあって、自分が見えなくなっている私は、そんなことを繰り返しながらも、何としても自分に向かい合わなければいけないという、強い思いがありました。ここを超えなければ、自分の人生が始まらない、そう思えたのです。

幼少時の異常な体験

自分の人生を幼少時から語るというワークショップがありました。参加者の中で二人組を作り、パートナーの人に、小さいときから私の人生にはこんなことがあった、と人生史を語っていくのです。

そこで私は今まであまり人に話したことのない体験を、パートナーである女の人に語りました。人に話したことがないというのは、それはあまりにプライベートなことだったし、それにその出来事は、私の人生にそんな大きな影響を与えているとは思っていなかったからです。

それは私が三歳の頃のことです。父と離婚した母は、会社勤めを始め、朝から夕方まで家を空けなくてはいけなくなりました。誰か私と家の面倒を見る人がいなければなりません。それで、住み込みのお手伝いさんが来ることになったのです。

どうして貧乏な我が家がお手伝いさんを雇えたのか不思議なのですが、当時は住み込みのお手伝いさんのお給料はとても安かったようです。住むところが与えられ、食事の心配もないわけですから、お給料は少なくても良かったのでしょう。そして私の父が張り切って買い求めた建売住宅は、彼の意欲を反映して、部屋数だけはあったのです。

そのお手伝いさんは、母より八つ年上で、当時三十九歳でした。母の父親のつてで、お願いしたとのことでした。

母は「私がいない間はこのおばさんをお母さんだと思って、おばさんの言うことをきくのよ」と私に言い、三人の生活が始まりました。

最初のうちは一日中、後に私が幼稚園に通うようになると昼間幼稚園から帰ってきて、母が帰ってくる夜まで、私はずっとそのおばさんと一緒に家にいるのです。最初のうちはとてもうまくいっていました。彼女は結婚をしていなかったので、急に可愛がることのできる子どもができて嬉しくて、すぐに「のんちゃん、のんちゃん」と言って私を可愛がってくれました。

おばさんは一所懸命料理を作ってくれます。そして食事の時は必ず、「おいしい？」

くれていました。

と聞きます。私が「おいしい」と言うととても喜んで、いつも腕によりをかけて作って

ところが、そのうち世界は歪み、暗転しはじめます。おばさんは私と二人きりの時に、「ママと私とどっちが好きなの？」と聞くようになったのです。私の気持ちは当然「ママが好き」です。しかしおばさんと二人きりの時にそんなことは言えません。しかもそのおばさんは癇癪持ちで、ふだんはニコニコしていても、いったん気に入らないことがあると私に手をあげるのです。

家にあったアップライトのピアノの下で泣いていたという記憶が私にはあります。おばさんに蹴られて、吹っ飛ばされ、ピアノに頭をぶつけて泣いていたのです。

いつしか私の生活は、昼間はそのおばさんに「おばさんが大好き」と言って一日を過ごし、夜になって母が帰ってくると「ママが帰ってきた！」と抱きついて甘えるという、二重の生活になっていきました。

三歳の息子としては、当然母がいちばんです。数ヵ月前に父が失踪し、頼れるものは母だけになっていました。でも母は朝から夜まで仕事で家にいないのです。だから夜に母が帰ってくると、私は嬉しくて嬉しくて仕方がないのです。しかし、母を喜んで迎え

る私に、おばさんは強烈な嫉妬を感じるようになっていました。

そのうち、私には妙な癖が出るようになりました。母が帰ってきて、母と一緒に夕食を食べる時、おばさんが作ってくれたご飯を食べながら、一口食べるごとに「ウックン」と言うようになったのです。口を開かないで、喉で「ウックン」と言うのです。それは私がおばさんに対して示す、「おいしい」というサインでした。昼間おばさんと二人でご飯を食べる時は、一口ごとにおばさんが「おいしい?」と聞きます。私は一口ごとに「おいしい」と答えます。しかし母がいては、一口ごとに「おいしい」とは言えない。そこで編みだされたのが「ウックン」だったのだと思います。

母はどうしてこの子は一口食べるたびに「ウックン、ウックン」と言うのだろうと、不思議に思っていたと言います。しかしそれは秘密のサインで、その「ウックン」を聞くたびに、おばさんは、母がいても自分に秘密のサインを送り続ける、かわいい坊やの姿に満足していたに違いありません。

私は、毎日おばさんの機嫌が気がかりでした。癇癪持ちで、怒り出したら止まらない。そしてその日によって機嫌が違うのです。幼稚園からの帰り道、家から二〇〇メートルくらいのところに竹やぶがあって、私はいつもそこで友達と別れて道を左に曲がります。毎日その竹やぶを通るときに、私は「今日はおばさんの機嫌はどうなんだろう。機嫌がいいといいな」と考えるのでした。竹やぶの前までは幼稚園から続く友達たちとの時間です。そして竹やぶの前でひとりになると、私は、二〇〇メートル先にいるおばさんの機嫌をすぐに考え始めるのでした。

「虐待」と思いつきもしなかった

私の話を聞いていたパートナーは、聞き終わると、「それは虐待じゃないの」と言いました。

「え？」と私は聞き返しました。「虐待……？」

「それは間違いなく、虐待よ。ひどいわ……。三歳の子どもにそんなことが起こるなんて」

「これって、虐待……なんだ……」

私も幼児虐待や児童虐待のことは知っていました。虐待についての本も読んでいます。しかし、自分のこの体験が、いわゆる「虐待」なのだとは、その時まで思いつきもしなかったのです。

私たちは自分自身の体験について、客観的に見ることができないものです。家族を見捨てた父の失踪から、強烈な母に育てられてきたという、私の家庭についても、大学生になって友達に自分の家のことを話していて、「お前のうちはすごいなあ」と言われるまで、私は自分の家が特段変わっているとは思っていませんでした。子どもにとっては自分の家が標準なので、気が付かないのです。

このお手伝いのおばさんとの出来事も、言われてみるまでは、それが虐待だとは思ってもみなかったのです。私の人生のひとつの出来事としか思っていなかった。しかし、言われてみれば、これは子どもに対する明らかな虐待なのです。

虐待のひとつの特徴として、その被害者がなぜかその場から逃げ出さないということがあります。そんなに虐待されているのなら、逃げ出せばいいのに逃げ出さない。幼児虐待の場合は、そもそも逃げ出すという選択肢がありませんが、大人同士の間の虐待の場合でも、虐待されながらなぜかその関係から逃げ出さず、そこに居続けるということがあります。

それは、虐待されてはいても、そこに愛があると思ってしまうから、そしてその人に自分が愛されていたいからです。そして虐待されるのは自分が悪いからだと、自分の責任にしてしまうからです。

私の場合もそうでした。ずいぶん後になって、母にこの話をした時、母は私に、「なんでその時私に言わなかったの」と言いました。幼い私が、「おばさんはママがいない時、ママとおばさんのどっちが好きって聞くんだよ」とか、「おばさんは機嫌が悪くなるとボクを叩いたり蹴飛ばしたりするの」と言えば、すぐさま解雇ということになったと思います。しかし私は母に言いませんでしたし、また逃げ出すということもしませんでした。

虐待される子どもたちはみんな、虐待される家から逃げ出しません。それは、家から逃げ出すという選択肢が小さな子どもにはそもそもないからです。自分はその密室にしかいるべき場所はなく、そこで一緒にいる人が頼りで、虐待するその人に愛されなければ生きていけないのです。私も、おばさんに好意をもってもらうことが必要でした。父がいなくなり、母は勤めに出てしまう。ひとりぼっちになった私は、昼間はこのおばさんしか頼りにする人がいなかったのです。

三歳児の私にとって、殴られたり蹴られたりというのが、虐待であるとは分かりません。なぜ叩かれるんだろう。それはぼくが悪いことをしたからだ。叩かれないようにするためには、おばさんのこと大好きと言い、おばさんのご飯はおいしいと言えばいいんだ、というふうに考えるのは当然なのです。そうしていれば、おばさんは機嫌がいいのですから。そしておばさんの機嫌が良くなければ、私は生きていけないのですから。

そうやって、小さな私は、自分の生き残りのために、おばさん大好き、と言い続けたのです。そして、おばさんの一挙手一投足に過敏に反応し、一瞬一瞬のおばさんの機嫌を気にしながら、おばさんの機嫌が悪くならないように行動しなくてはと思い、いつもおばさんの機嫌が良いようにと祈り続けていたのです。


この話を初めて他人にしてみて、私はなぜ自分が、近しい人の機嫌がいつも異常なほど気になるのかが、やっと分かるような気がしてきました。

母も確かに感情の起伏は激しいほうではありました。しかし、台所で今日は手荒に食器を洗っている、母の機嫌が悪いのではないか、と自分の部屋で息を潜めている、高校生の私は、実はお手伝いのおばさんが手荒に食器を洗っている音を、隣の部屋で怯《おび》えながら聞いていた、三歳の私に戻ってしまっていたのかもしれません。

この人に愛されなければ、自分は生き残っていけない。この人に見捨てられるのが怖い。それはどんな子どもであっても、幼少時に感じることでしょう。しかし私の場合は、それが歪んだ形で刷り込まれてしまったのです。そして、そのことに気づくまでにかなりの時間がかかり、いろいろな出来事が引き起こされてきたのです。

被害者の意識は、世界を加害者にします。加害者の影に怯え、不安と恐怖の中で、世界の加害者性を逆に引き出してしまいます。

あなたは虐待の被害者だったのだ、と言われても私はにわかにそれを受け入れることができませんでした。しかし、客観的に見て、これがまぎれもない虐待であることを認め、そしてその虐待が私の人生にいかなることをもたらしてきたのかを考えていく中で、そこで刷り込まれた、被害者としての意識が、その後さまざまなところで姿を現し、私の人生に影を落としてきたことが、だんだんと理解されてきたのです。

おそらく、私と母の葛藤も、その私の被害者としての意識によって増幅されていたのだと思います。一対一の密室で行われた虐待は、その虐待の相手がいなくなっても、誰かと一対一になった時に、その不安と恐怖が再現されてくるのです。その意味で、お手伝いのおばさんは去っても、密室で二人きりになった時に、その人に見捨てられたらもうおしまいだという、私の潜在意識に刻み込まれた恐怖はずっと残っていて、その恐怖が母に対する葛藤と重ね合わされていたのだと思います。

母にとっても、父の突然の失踪という、あまりにひどい出来事がもたらした心の傷は、その後まで尾を引いたことでしょう。そして、息子が成長して、あの憎むべき夫、しかし同時に、何であんなに愛し合っていたのにいなくなってしまったのと何回も何回も自問自答したであろう、自分から逃げていった夫にそっくりになっていった時、その愛情と憎しみの葛藤が、息子の上に投影されていったのだと思います。

私と母の間に起こった、様々な出来事は、その二人の登場人物が遭遇した、愛と憎しみの帰結でした。舞台の上に立っているのは二人です。しかしその二人は、既に舞台から去った登場人物たちの振る舞いにいちどは翻弄され、そこから何とか自分の人生を築き上げたいともがきながら、舞台に立っていたのです。

トラウマを客観視し乗り越える

私が虐待の被害者だったとは！　それを認めることは私にとってショックなことでした。しかしそこから逃げず、その意味を考えていく中で、私はしかし、それもまた私の人生なのだと思えるようになりました。このような幼少時の出来事があったからこそ、今の自分もあるのだと思えたのです。

そして、私は今でも、どうしてもこのおばさんを憎めないところがあるのです。お手伝いさんとして知らない家に来てみたら、そこに三歳のかわいい坊やがいた。お父さんが数ヵ月前に失踪して離婚して、お母さんは勤めに出て昼間はいない。このかわいそうな坊やを私が守ってあげなくては……、と誰だって思うのではないでしょうか。一緒にいれば、日に日にこの子がかわいくなる。それも自分の子どもであってもおかしくない年齢です。そして実の母親よりも長い時間、その子と一緒に過ごしているのです。そこでひとつ何かが狂えば、誰だって、そんなことになってしまうのではないでしょうか。

私はこのおばさんとの楽しい記憶も思い出すことがあります。今日はのんちゃんにおいしい水ようかんを作ってあげるよ、とおばさんが言って、水ようかんを作って冷蔵庫に入れ、もうできた頃だと出してみたら、寒天とあんこが完全に分かれてしまって、水ようかんではなくて、単なる寒天とあんこの二層になってしまっていたのです。でもせっかくだから食べようねと言って、「でも、おばさん、これもおいしいね」と二人で食べた思い出です。それは嘘ではなくて、ほんとうにおいしかったのです。そして、私のことをかわいいと思って、一所懸命水ようかんを作ってくれるおばさんと一緒にいるのが、三歳の私は嬉しかったのです。

おばさんも悪意から私を虐待したわけではありませんでした。私がかわいくなってしまった。私の母に嫉妬を覚えてしまった。そして自分がコントロールできなくなってしまった。きっとそうなのだと思います。

虐待という、百パーセントネガティブに見える体験の中にも、私が今の私であるための芽が隠されているのだと思います。見捨てられることへの恐怖、人の機嫌に過敏に反応してしまうという性格は、確かに私の人生をたいへん不自由なものにしてきました。しかし、人の意向を汲むという才能はそこで磨かれているわけです。人から嫌われるのではないか、見捨てられるのではないかという、なぜか分からない恐怖感の部分を少しずつでも和らげていくことができれば、そこで得てきた才能の部分が残ります。例えば、他の人が全く気づいていないのに、私はなぜかその場で寂しげにしている人が気になり、その人の気持ちを場に引き出すことで、そこにみなが安らげる場を作っていくことができると、よく言われるのですが、そんなところに、人の機嫌に過敏に反応する私の才能も生きているのかもしれません。

大小のトラウマは人生に付きものです。しかし、それに気づき、それをいちど客観視し、それが自分に与えたものに気づき、それを受け入れ、乗り越えることができれば、大きな心の傷も自分の資質に変えていくことができるのです。

そして、そうやって得た資質は、まさに自分にとって「かけがえのない」ものなのです。

父の不在が私の人生を生み出した

こうやって自分自身の人生を振り返ってみると、それは先に触れた、神様の掘ってくれた巨大な穴ぼこという気がしてきます。

誰だって、自分の母親に「あんたと別れるためなら、僕は外で人の一人や二人ぶっ殺したい！」などと言い放つような人生は嫌でしょう。それも、小さいときから女手ひとつで必死に育ててくれた、母親に対しての手ひどいことばです。

三歳児がお手伝いのおばさんと二人きりの時に、「ママと私とどっちが好き？」と聞かれ、密室で叩かれたり蹴られたりするなどというのは、考えただけで、身の毛がよだつ体験です。

私だってまったくそのとおりだと思います。そんなことは起こってほしくなかった。

できれば避けたかったと思います。

私の人生は、世間的に言えば、ネガティブなことの連続でした。神様は勤勉に穴ぼこを掘ってくれたものだと思います。そして、私自身が自分で掘った穴ぼこもたくさんありました。

しかしその穴ぼここそが自分の人生であると、いま振り返ってみて強く思います。

もし私がいまも乃木坂に数百坪の土地を持つ地主だったら、私はどうなっていたのでしょう。父は芥川賞を取り、母は俳優座の著名演出家になり、私は莫大な家賃収入で何一つ不自由なく暮らしていたのでしょうか。今となっては想像もできない、夢物語のような話ですが、私はその人生がそんなに面白いものであったとも思えないのです。

ひとつ確実なのは、もし今も乃木坂に住み続けていれば、この本は書かれていなかったということでしょう。私はダライ・ラマと対談させていただくということもなかったでしょうし、この本をいま読まれているあなたとも出会うことはなかったでしょう。「癒し」ということばも、今ほど流行ってはいなかったかもしれません。

その意味では、父の愚かな振るまいが、今の私を作ったのです。二歳のときに別れて以来、父は私に会いに来ることはありませんでしたし、私も父に会いたいと思ったことはいちどもありませんでした。私と父の関係はそこで終わってしまいました。しかし、父は私の前からいなくなったということで、現在の私の「かけがえのなさ」を作ってくれたのです。もし父があの時失踪しなければ、今の私はいないでしょう。父の弱さが、今の私をもたらしている。父がいなければ、やはり私はいませんでした。父の血はやはり私の中に流れているのです。ここにいない、不在という形で、私の人生を生み出したのが父だったのです。

母の「怒り」というネガティブな感情も、私を生み出した大きな力でした。そして私は最近、母の怒りの深さにやっと触れました。

四十代の半ばにして子どもに恵まれ、いま私は三歳の娘の父となりました。日々成長する娘は、言葉も達者になってきて、その表情を見るだけで、私はもうメロメロのバカ父です。娘との時間は私の人生の大きな喜びで、娘のいない人生など私には考えられません。しかし、そんな毎日を過ごしながら、私はふと気づいたのです。父はこの歳の私を捨てて、出ていったのだ、と。この子どもの笑顔を捨てて。この「パパー！」と駆け寄ってくる子どものいとおしさを捨てて、出ていった……。そして、「ありえない！」と思ったのです。こんなかわいい子どもを捨てて、失踪したのか……。どうしてそんなことができるのか……。

そのとき、私は母の悲しみの深さに触れたような気がしました。男と女は出会うこともあれば別れることもあるでしょう。ですから、単に父と母との別れならば、それは普通のことだったかもしれません。アートに関わっている人たちならなおさらでしょう。しかし、自分と別れるだけではなく、このかわいい三歳の息子を捨てていく……。そのとき母は、「ありえない！」「どうして……」と、何回も反問したのではないでしょうか。こんないたいけな息子を捨てていくほど、自分が憎いのか。どうしてこの人は、この子を捨てていくことができるのか……。それは一人の女性にとって耐え難い悲しみであり、癒しがたい傷であったはずです。そして、そこから人生を再出発させていくには、大きな怒りを持たなければ、怒りで自分を奮い立たせなければ、とても生きてはいけなかったのではないでしょうか。

怒りは悲しみと裏表です。そして、怒りは愛あればこそなのです。ぜったいこの子はあの父親のようにはしない。母の怒りは、私を思えばこその怒りでした。その怒りの向こう側には大きな愛があり、彼女は怒りという大きな愛で私を抱きしめながら、私を必死に育ててきたのだ、そのことを、やっと私も実感することができるようになったのです。

人生には大なり小なり「ヘン」がある

多くのネガティブなことによって、私は導かれてきました。しかし、私はいま、その数々のネガティブなことに、心から感謝しています。

私が人生のテーマに定めた、人はいつ元気になるのか、いつ輝くのか、どうやったら自分をかけがえのない自分と思えるのか、といった問いは、他人事《ひとごと》ではなく、私自身がそのことが分からなければ生きていけないという、せっぱ詰まった自分自身の問いでした。それは、明らかに「暗い」世界からの問いであり、ネガティブな体験があってこその問いでした。そしてその問いに導かれて、私は何とか歩んできたのでした。

いま私の半生を書き記してきて、私は自分の人生が相当「ヘン」なものだということをあらためて実感しています。これはどう考えても、他の人にお勧めするような代物ではありません。

しかし、どうなのでしょうか。それを言い出せば、ほとんどの人の人生は、大なり小なり「ヘン」なところがあるのではないでしょうか。表面上はみんな整った人生に見えるかもしれません。しかし水面下には他の人が知らない、いろいろな屈折や葛藤が隠されているのではないでしょうか。

私だって、表面だけを見れば、こんな「ヘン」な人だとは到底思われないはずです。母親は著名女流翻訳家、ニューヨークに六年間滞在。私は名の知れた大学を卒業し、いまは大学で教えていて、何冊かの本を出版している。そこだけを見てしまえば、恵まれた環境ですくすくと育ち、何の問題もなく人生を歩んでいると思われても不思議はないでしょう。

しかし、一枚皮をめくると、そこには葛藤に引き裂かれ、悩み、傷つき、迷走する人生が現れてきます。それに、到底活字にはできない出来事も多々あり、そしてまだまだ整理のついていないことだらけなのです。

人は見かけによらぬもの。誰だってそうなのではないでしょうか。

ただ、私が自負する部分があるとすれば、それはその人生のネガティブさになんとか向かい合おうとした、ということです。何で私の人生はこんなことになってしまうのか、いったい自分は何を求めて生きているのか、この状態からどうやったら脱出できるのか、そういった人生のネガティブさから発せられる問いに、向かい合ってきたという自負があります。いや、それをしなければサバイバルできなかったので、向かい合わざるをえなかったというのが正しいのですが。

自分のかけがえのなさ、それは自分の人生を掘り起こすことから始まるのです。自然に自分のかけがえのなさが実感でき、人生の輝きを実感しているという、たいへん恵まれた人を除いて、私たちの多くは、自分への問いを発することから、自分のかけがえのなさを発見していくのです。

この社会のように、表面上を明るく整えることが強調される風潮の中で、「自分を掘り起こす」ことは、ますます大切なことになってきています。

表面に見えている私の下には何が隠されているのでしょうか。それは私がいちばん知っていると誰もが思います。たしかに、他の人が知らない、私に関する出来事、私に関する秘密を、私は知っています。しかし、その出来事の意味、その出来事が私の人生でどんな意味を持っているのかを、私は知っているでしょうか？

そして、特に私の人生でネガティブに見える出来事の意味を私たちは知っているでしょうか。ネガティブな出来事は、できるだけ早く忘れて、明るく楽しく生きなさい、と言わんばかりのこの世の中で、その意味を掘り起こすことの大切さが忘れられているのは、私は「もったいない」ことだと思います。そこにこそ「かけがえのなさ」に気づく大きなチャンスがあるのに、それが活かされていない、そのことはとても残念なことです。

それは、自分に起こったネガティブな出来事をいつも思い出し、暗い気持ちで生きなさい、といったマゾヒズム的人生の勧めではありません。思い出す必要のない時、人生が絶好調の時は、何も進んでそんなことをする必要はないでしょう。しかし、神様の掘った穴ぼこに落ちて、どうしてこうなってしまったんだ？　と人生にうめく時、その時が人生を掘り起こし、あなたが自分のかけがえのなさを取り戻す大きなチャンスだと思うのです。

人生の宝物

私は不登校の子どもたちが通うフリースクールで講演をしたことがあります。その時のことは、『がんばれ仏教！』（ＮＨＫブックス）にも書きましたが、驚いたのは、前のほうに座っている不登校の子どもたちの元気さでした。不登校というから、ふさぎ込んでいるのかと思いきや、実はとても活気があるのです。しかしそれと対照的なのが、後ろのほうにいる両親たちでした。親のほうは真っ暗、全く元気がありません。シャレを言うと子供たちは大声で笑います。でも親たちは笑わない。どこまでも表情が固く、ドツボにはまっているかのようでした。

しかし、明るく見えてもその子たちは悩んでいるのです。問題があるから、悩んでいるから、学校に行けなくなってしまったのです。その子どもたちに、私はこういう話をしました。

皆さんは、学校に行けなくなって何年か学年も遅れてしまって、たいへんなことになったと思っているかもしれません。でも、十六と十八というのは大きな違いに思えるけれど、四十六と四十八なんていうのは全然関係のない年の差です。だから、今ちょっと寄り道をしたなどということは、人生の中ではあまり気にすることのないことです。それよりも、皆さんは今きっと苦しい思いをしていると思うのだけど、その苦しみの中で出会ったことが、きっと人生の宝になるのです。

もし皆さんがお父さんやお母さんの期待通り、学校の先生の期待通り、いい成績を取っていい大学に行ってというコースを歩んでいたら、それは一見幸せで、何の問題もないように見えるかもしれない。でも、皆の期待通りに歩むだけで、これが本当の自分なのかと悩むかもしれません。皆さんはそのことに疑問を感じて、ちょっと一休みしてしまった。でもそうすることで、いろいろなことが見えてきたはずです。お父さんとケンカして激論をしたかもしれない。ぶん殴っちゃった人もいるかもしれない。でもそのことによって、それまで聞けなかったお父さんの人生の本音を引き出すことができたかもしれません。学校からちょっと離れることで、いい成績を取るということを離れて、むしろ何かに興味が出てきたかもしれない。自分は獣医になりたいなとか、花屋さんがいいや、とか何かが見えてきた人もいることでしょう。

ぼくもノイローゼになって、カウンセラーに通い、学校も一年遅れたけど、その時に人生についてたくさん考えました。人生で何が大切なのか。何は捨てても良くて、何にこだわるべきなのか。もちろんその一年間でだけではなかなか見えてこなかったけど、それはぼくの将来を考える大きなきっかけになりました。そして、その苦しい時代にぼくは親友と呼べる友人たちに出会いました。あんなドツボなぼくに付き合ってくれたんですから、友だちも偉いものだと思いますが、その友人たちはぼくにとって一生の友だちだし、宝物です。

すいすいと抵抗なく歩いていく人生もいいでしょう。でも、何か疑問を感じてしまって立ち止まってしまう人生、それもいいものです。皆さんはきっとぼくの年齢くらいになって思い返すことでしょう。皆の期待通りに進んでいたら、それは他の人と変わらない人生だけど、壁にぶち当たって悩んで苦闘したあの何年間かは誰とも交換できない自分の人生そのものだったって。そして、そんな「かけがえのない」自分に出会うことができた人は、その分ちょっと自信がついたり、自分の人生にこだわりを持つことができるのです。そして、それもまたぼくたちが生きていく大きな宝物となるのです。(『がんばれ仏教!』二八六〜二八七ページ)

このことばを、不登校の子どもたちだけではなく、いま自分自身の「かけがえのなさ」を求めているすべての人に贈りたいと思います。

第五章　愛されるより愛する人になる

未来の希望に向かって自ら行動する。
愛されるよりも愛する人になる。
かけがえのない人間への道がそこにあるのです。

「愛と思いやりに満ちた社会」へ

ネガティブなことを大切にせよ、とか力説しているとふつうはとても悲観的な人間だと思われがちです。しかし、もうお気づきのとおり、実は私はかなり「おめでたい」人間です。

私たち一人ひとりが自分の「かけがえのなさ」を回復すれば、この社会はぜったい良くなると信じているのです。

一人ひとりが身を縮こめて、人の目を気にして、本当に自分のやりたいことをやらない。評価を得られないとすぐに切り捨てられるぞと、恐怖に駆られて、不安に生きている。

そんな社会ではなくて、一人ひとりが自分自身のかけがえのなさに気づき、自分がこの人生で何を求めているのかという、自分自身のオリジナルな生き方に目覚めたら、この社会はどんなに楽しい社会になるだろうと思うのです。

その意味では、私の中には、インド旅行から日本に帰ってきた時の、「何でこんなに存在感がないんだ！」という衝撃がまだ続いているのかもしれません。ますます希薄になっていっているように見える日本人の存在感を、ぜひとも取り戻したいと心から思うのです。

そして、私はダライ・ラマがおっしゃるように、人間の根底には、愛と思いやりがあって、それが社会を支えているのだと信じています。

もちろん、文化人類学者としての私は、世界のどんな文化、民族でも、そこに常に争いがあり、暴力があるのを知っています。人間とは、その意味では、愛と憎しみ、平和と暴力に、常に引き裂かれた存在だといってもいいでしょう。だから学者として論文を書くのであれば、「人間とは引き裂かれた存在である」と書くかもしれません。

しかし、ひとりの文化人類学者としても、ひとりの人間としても、私がこの社会にどうあってほしいか、そして私が力を尽くして、これからどのような世界にしていきたいかと問われれば、それは「愛と思いやりに満ちた社会」の他にはありません。そして、それは一人ひとりの「かけがえのなさ」が尊重される社会なのです。そういう社会にしていきたい、私は百パーセントそう言いきることができます。

人間は「希望」を持たなければ生きていけない存在

それは理想主義だよ、という人がいます。だって、そんなこと言ったって、現実には戦争が起こっているじゃないか。格差社会になっているじゃないか。人間同士の憎しみは消えないじゃないか。いくらそうやって、理想を掲げても、社会はそんなふうにはならないよ、というのです。

しかし、そういった一見「現実主義」に見える見方のほうが、実は現実を見ていないのです。確かに人類の歴史を見れば、常に戦争があり、差別もあり、暴力がありました。しかし、そこには常に平和を唱える人たちがいて、差別に反対する人がいて、暴力を何とかなくしていこうと努力する人たちがいました。そういう人たちがいたからこそ、戦争も差別も暴力もこの規模で止まってきたのです。理想を持つ人たちの力が、現実を変えてきたということを忘れてはいけません。

そしてもう一つ、そういった議論は、人間のいちばん根本的な「現実」を無視しています。それは人間は「希望」を持たなければ生きていけない存在だということです。人間の根本にはイマジネーションがあります。ものを想う力、ここにはないものを想像する力、といってもいいでしょう。現実の世界にありながら、「こうあってほしい」と希望を持つことは人間存在の核心なのです。逆に、「希望」がなければ生きていけないのが人間という存在なのです。

しかしその「希望」がやせ衰えてきています。

ひとつには、これまで述べてきたように、若者たちを中心として、経済的に恵まれず、将来の人生設計もままならぬ人たちが生まれています。そして、中高年でリストラされた人、老後の不安に怯える人など、将来の希望を持つことのできない人たちが増加しています。「希望格差」社会と言われるゆえんです。

もう一方で、「希望」を持つ力が衰えているのを感じます。

この弱肉強食の世の中、格差が開いていくような世の中で、私たちが生きることを支えてくれるような信頼を取り戻さなければならない、などと若い学生たちに言ったりすると、「でも先生、いまはそういう世界の流れだから、いくらそう言ったところで、変わらないじゃないですか」とか言う学生がいて、多くの学生がその発言に頷《うなず》くのです。

では、君はどんな社会がいいと思ってるの？　と聞くと、「それは当然、みんなが信頼しあって、助け合うような社会に決まってるじゃないですか」と言って、また多くの学生が頷くのです。

私自身は、愛と思いやりに基づく社会がいいにきまっていると思う。でも現実の流れは反対の方向に行ってるわけだから、私がどう思っていようが、それを実現するのは無理なんじゃないですか、というわけです。

これからの未来を担う若者が、いったいどうしたことだ！　とガックリしてしまいますが、この発言を聞いて、若者世代以外でも「私も同じように思っている」と感じる人も多いのではないでしょうか。

しかし、私はこの発言に私たちが頷いてしまうところに、大きな問題を感じるのです。

未来への希望を失っている原因

私はこんな「希望」を持つけれど、どうせ無理だよな。それは、この前宝くじを買って、それが当たってくれという希望を持つけれど、それは無理だよなというのなら、分かります。しかし、私たちの社会を信頼に基づく社会にしたい、人を苦しめる弱肉強食の社会を変えていきたいといった、人間にとって根本的な「希望」について、最初からそれは無理だと決めているのはなぜなのでしょうか。

そこには、世界の流れは誰かが決めているのであって、私が希望を述べたところで、どうなるものでもないという意識があります。結局宝くじと同じで、当籤《とうせん》番号は誰かが決めてくれるのであって、私にはどうしようもないというのです。そして、宝くじのように、私の希望がかなう確率は、限りなく低いと思ってしまっているのです。

世界の流れは誰かが決めてくれる。そして私の希望がかなう確率は限りなく低い。そう思って生きている人の「かけがえのなさ」はいかばかりでしょうか。私の希望なんてどうせかなうわけない、と思って生きている人は、当然、とても自分自身をかけがえのない存在だと思えないでしょう。

そう考えてみると、「かけがえのなさ」は、私たちの未来への希望にも深く関わっていることが分かると思います。未来への希望とは、私たちにとって、まさに「かけがえのないもの」なのです。

しかし、どうして多くの人たちは、未来への希望という「かけがえのないもの」を失ってしまっているのでしょうか。

それは大きな誤解に基づいています。

多くの人は、私たちの希望が誰か他の人によってかなえられると思っているのです。そして希望が他人によってかなえられたときに、自分が「かけがえのない存在」として扱われていると思うのです。例えば、レストランに行って窓際の席を希望したら、ウエイトレスさんが窓際の席を取ってくれた。ああ、かけがえのない存在だと扱われたなあ、と。なじみの電気屋さんに行ったら、値札よりも値段をサービスしてくれた。ああ、かけがえのないお客だと思われているんだなあ、と。

たしかに、あなたは大切なお客さんだと扱われたことは間違いないと思います。それはとてもハッピーなことだし、喜ぶべきことだと思います。

しかしそこにある誤解は、かけがえがない存在として「扱われた」ときに、自分をかけがえのない存在だと思うという、「お客さん」意識です。私の希望は、誰かに「かなえてもらう」ものなのだという意識です。

こういう意識を持っている人は、期待されたように扱われないと、すぐにキレたりします。オレが金を払ってるのに、なんでお前はオレの希望をかなえないんだよと、いわゆるクレーマーのように、相手の非をぜったい許さず、お前のせいでオレは被害を受けたと言いつのるのです。

それは徹底的に、受け身の「かけがえのなさ」だということが分かるでしょう。「かけがえのなさ」とは、そのように他の人から扱ってもらったときに感じるものだ、誰かが私たちに与えてくれるものだ、と。

しかし、未来の希望は、誰か他の人がかなえてくれるものなのでしょうか？　私たちは、「こんな未来だったらいいな」と思うだけで、あとは宝くじが当たるのを待つように、ただただ当籤の通知がくるのを、首を長くして待つだけなのでしょうか？　大きな誤解は、私たちの未来の希望は、誰かがかなえてくれるのだ、と思ってしまっているところにあるのです。

「かけがえがない」人とは、未来の希望に向かって自ら行動する人です。誰かがかなえてくれるだろうという「お客さん」ではなく、「私が未来を創りだしていくのだ」という意識をもって、行動していく人なのです。

誰かが私のために、いい世の中にしてくれないかなあ、ではなく、私がいい世の中を創りだしていくという決意をもった人、そして実際に新たな未来を創造していく人がまさに「かけがえのない」人であるということは、言われてみれば誰でもその通り！　と思うのではないでしょうか。

私は未来にこんな希望を持っているけれど、でも現実の流れがこうなってるからねえ……では、私はそこにいてもいなくても世界の流れはまったく同じということになってしまいます。誰か私以外の人が世界の主役であって、私はいてもいなくてもいい。それではまさに私は交換可能な、どうでもいい存在になってしまいます。

かけがえのない人とは、未来を創造していくという意識をもち、行動していく人なのです。

行動の積み重ねが自信になる

第三章で、私は、私たちの生きることとの最終目標は「いい評価」をもらうことではなく、その先にどんな行動を起こしていくかなのだと述べました。私たちはいくら他人から、かけがえのない存在だと評価されても、それに行動が伴わなければ、かけがえのなさの実感は失われていきます。意識と行動は一体なのです。

しかし、私たちの多くは、「でも、私には未来を創る力なんてあるはずない」と思ってしまうかもしれません。あるいは、「私にその力が備わったら、行動を始めよう」と思う人が多いのではないでしょうか。

しかし、その順序は実は逆なのです。

私に力があるから、何かができる。それは論理的には正しいかもしれません。しかし、人生の中で実際に起こることは、「何かができた時、私にその力があったことが分かる」という、逆の順序なのです。

私の中に愛する力があるから、人を愛することができる。それは正しいと思います。しかし、誰かのことを深く愛してしまった時、私たちは初めて、「自分の中にこんなに愛する力があったんだ」と気づくのではないでしょうか。困っている人を見て、思わず助けてあげた時に、自分には思いやりがあるんだなあと実感するのではないでしょうか。行動や体験が最初にあって、その結果として、私の中にそれまで隠れていた力に気づくのです。

自信がない、私にその力があるという確信がない、だからできない、というのではなく、まずはやってみる、そして少しでもその手応えをつかんだ時に、そうか私にはその力があったのだ！　と気づくのです。

私自身もまったくそうでした。長い間ずっと、私は何もできない人間だと思い続けてきました。頭ではいろいろ考えるのです。しかし自信がなくて行動にならないのです。大学に入学して自立すべき時だったのに、家を出ていく行動も起こさず、母のほうに先に行動を起こされてしまった、そんな人間です。しかし、インドで商人たちと怒鳴り合ったりしながら、むちゃをして肋骨を折ったりしながら分かってきたのは、行動を起こした時に初めて自分が分かる、自分の持てる力が分かる、そして自分がほんとうに何を目指そうとしているのかが分かるということでした。

人は自信があるから行動を起こすのだと思われがちです。しかしそうではないのです。行動の積み重ねが自信になるのです。行動が意識を強化していくのです。

例えば、私は全国各地に赴いて、たびたび講演をさせていただいています。それを聞いている方々は、この人は自分の中にある思いを、自信に満ちて、話していると思うに違いありません。しかし私はこの頃、気づいたことがあります。それは、そうやって講演をしていること、その中で一人ひとりのかけがえのなさを取り戻そうと、愛と思いやりに満ちた世界にしていこうと、訴えていることで、私のかけがえのなさの意識が強化されているのだということです。

私は様々な人生の出来事を経験する中で、自分自身がどれだけ弱い人間であるか、崩れやすいもろい人間であるかを嫌というほど思い知らされてきました。だから、そうやって講演の場で、信頼の大切さを訴え、人間が真に輝くことのできる未来を創り出そうと訴えることで、自分自身を励まし、勇気づけているのです。

この本を書いているのもそうなのだと思います。何か既に分かっていることを書いているのだと思われるかもしれません。しかし書いているという行動の中で、新たな発見がもたらされるのです。既に確信をもったことを、書いていると思われるかもしれませんが、確信は書いている中で生まれ、強化されていくのです。

私の著書『生きる意味』は、ある予備校の調査によれば、二〇〇六年の全国の大学入試で出題数が第一位の本になったということです。四〇以上の大学で私の本から出題されました。ふつう、大学入試でいちばん数多く出題される本の著者などは、たいへん偉い人で、何もかも分かっていて、スゴイ人だと思われがちです。私も自分がそうなるまでは、そう思っているところもありました。しかし、自分がそうなってみて、考えが少し変わりました。世の中に何かを訴えかけようとしている人たちは、決して自信に満ちて発言しているのではないのかもしれない。私のように、社会に訴えかけることで、自分の人生を前進させているのかもしれないと思ったのです。

例えば、入試問題の常連の文豪、夏目漱石（その年も四位でした）にしても、自分自身の神経衰弱に苦しみながら、小説を書いていたのです。最初から自信があって作品を書いていたのではなく、書いていくという行為の中で、自分の人生を前へ前へと進めていくことができたのではないでしょうか。

講演をしたり、本を書いたりすると、「励まされた」とか「生きていく元気が湧いてきた！」と感想をいただくこともあります。しかし、それはお互いさまなのです。私も、そうやって聞いてくれる方、読んでくれる方がいて、自分自身の考えを訴える場をいただいていることで、励まされ、生きる元気をもらっているのです。

まずは行動を起こしてみることです。その行動の中で、私たちは自分の持っている力に気づくことでしょう。自分の人生を掘り起こすことで、自分の求めるものが少しずつ姿を現してくるはずです。そして、そこには互いに励まし合うような場が生まれていくのです。

未来への希望、それは誰かにかなえてもらうものではありません。まず自分から行動を起こすこと、そこからすべてが始まるのです。

「愛されたい人」ばかりが増えている日本

かけがえのなさを取り戻す行動、それは一言でいえば、

「愛されるよりも愛する人になる」

ということです。

この日本社会に生きる私たちの多くは、「愛されたい人」になってしまっています。みんなが他人からの評価を気にしている。そして、他の人から愛されれば幸せな人生が送れると思っています。しかし、その反対に「愛する人」はなかなかいません。

愛されたい人ばかり多くて、愛する人がいないので、社会に愛が供給されずに需要ばかりが膨らんでいるような状態が現在の日本です。多くの人たちが池の鯉のように水面に浮かんで口をパクパクさせながら、「愛して、愛して」と言っているけれども、愛する人がなかなかいない。

愛されたい人たちは、だから不幸です。どうして、この社会にはこんなに愛がないのかしら、とみんな思っています。しかし、それは当然です。愛する人たちが少ないので、世の中に愛が供給されていない。そのただでさえ少ない愛を、愛されたい人たちが取り合っているからです。

愛されたい人たちは、どうしたら自分は愛してもらえるのだろうと、他人の目を気にして、他人の評価を気にしながら生きます。そして、誰かから愛されたら、「自分は素晴らしい」と思い、愛してくれる人がいないと、「自分はみじめだ」と思ってしまいます。そうやって、愛されたい人は周りの人からの評価で、自分自身がいつもぐらぐらしてしまうのです。それでは自己信頼が築けないのは当たり前でしょう。

しかし、一方で愛されたい人たちは楽でもあるのです。愛する人には責任が要求されますが、愛されるということには責任が生じないからです。恋愛の場合でも、告白されて「君のことが好きだよ」と言われたら、言われたほうは「ラッキー」と言って受け取るだけでいいわけです。いやだったら「ごめんなさい」と言えばそれで済む。ここでもまた、私は「お客さん」、提供される側です。

他の人からの愛がほしくて、自分がいつもぐらぐらしてしまう。その状態は私自身、よく分かります。私自身の人生が「愛されなければ生きていけない」、「この愛がなくなったらどうしよう」と、愛されないことへの恐怖、不安で、いつもぐらぐらしてきたからです。そして、その結果、周りの人の機嫌がいつも気になり、自分は誰かを怒らせているのではないか、仲間はずれにされるのではないか、「空気読め」てないのではないか……、といつも不安に襲われていたのです。そして、自分自身が何であるのかが、見えなくなっていたからです。

その状態から抜け出すこと、それは「愛しはじめる」ことから始まります。

愛するものを持っている人は、幸せです。

勉強ひとつにしても、いい点数を取る、いい評価を得るために地理の勉強をしている人よりも、ナイル川の歴史にワクワクしている人のほうが、はるかに幸せだということは私の実体験でした。

誰かからいつも「愛されたい」と思っている人よりも、自分から誰かを深く愛し、自分の中にある愛を認めている人は、とても魅力的ではないでしょうか。社会から愛がほしい、どうして愛は私のところに来ないんだ、と日々ブツブツと不満を言いながら生きている人と、社会に対して愛と思いやりをもって行動している人のどちらが輝いているでしょうか。

「愛がほしい」人と、「愛のある」人。もしあなたが、愛はどこからか与えられるものだとばかり思っていれば、あなたはいつも愛に対する依存に陥ってしまいます。愛はもらうものであり、いつも愛をくれる人を、愛をくれる社会を確保しておかなければ、と不安ばかりがつのってしまうのです。

しかし、愛はもらうものであると同時に、既に自分の中にあるものなのです。そして、先ほど言ったように、行動を起こしてみて、初めてその存在に気付くものでもあるのです。「愛する」という行動を起こした時、私たちは自分の中の愛の存在に気づきます。私にはこんなに溢《あふ》れ出る愛があったのか。こんなに人を思いやる気持ちがあったのか……と。

ブータン国のテーマは「国民総幸福量」

現在の日本は不況だと言います。何の不況でしょうか？　誰もが経済的な不況なのだと言います。しかし、ちょっと待ってください。世界の中で、もっともっと貧しい国で、「幸せ」と思って生きている人たちはたくさんいるのです。あるイギリスの学者がまとめた、世界の幸福度ランキングによれば、日本は一七八ヵ国中九〇位なのだそうです。そして、アジアの中でもブータンとかフィリピンといった、経済的にははるかに貧しい国の人たちが、幸福度では日本のはるかに上を行っているのです。

ほんとうの不況は、愛の不況、思いやりの不況なのではないでしょうか。社会に流通していないのは、お金なのではなくて、愛と思いやりの絶対的な供給量が足りないのです。日々、この社会の中で、たくさんの愛と思いやりが流通していたら、どんなに素晴らしい社会になるか想像してみてください。私たちが、愛し、愛され、思いやりを持ち合うことができれば、今の社会に存在するどれだけの不安がなくなり、人生が喜びに満ちていくことでしょうか。

私は数年前にブータンを旅行しました。山国で、盆地には棚田が並び、昔の日本を思わせる、とても懐かしさを感じさせる国でした。そして、ブータンの国のテーマが、GNP（Gross National Product—国民総生産）ではなくて、GNH（Gross National Happiness—国民総幸福量）なのだということを聞いて、「やられた！」と思いました。国の中での幸せの量を高めていく。そう、私たちにとって大切なことは、幸せに生きる、そのことのはずです。そして、そのためには、お金を流通させるよりもまず何よりも、愛と思いやりを流通させるのがいちばんだと、ブータンの人たちは知っているのです。

愛する人になること、それは損をすることではありません。自分は愛をもらっていないのに、人に愛をあげるなんて損をするだけだ……、それはあまりにもケチな人生でしょう。愛するという行動によって、私たちは自分の中に愛があることを知ります。「私の中には愛はない。誰か私に愛を与えて！」という、寂しい自分から愛が溢れ出る自分への脱皮がそこにはあるのです。

自分の中に愛のある人、それこそが「かけがえのない人」なのです。

お金や物質ではない価値

インドで対談をさせていただいている中で、私はダライ・ラマから突然質問されたことがありました。

私は現在の日本人の状況について説明していました。日本人は、自分が交換可能だという意識にさいなまれ、自分を見失っているように見えます。そして、その結果、人々はますます利己的になり、愛と思いやりから離れていってしまっているように思えるのです……。

すると、ダライ・ラマはしばしば考え、次のように質問されたのです。

「しかしその話には矛盾がありますね。さきほど、あなたは日本社会では個人のアイデンティティが失われてきた、という話をしていましたね。つまり自分というものはどんな他人によっても置き換えられてしまう存在で、日本では自分というものが見失われていると。しかし今、日本人が非常に利己的になっていっているとおっしゃっている。それは不思議ですね。自分というものがない、つまりエゴを見失っている人たちが、どうしてエゴイスティックになれるのでしょうか？　エゴがない人はエゴイスティックになれないでしょう？」（『目覚めよ仏教！――ダライ・ラマとの対話』一八四ページ、ＮＨＫブックス）

驚きました。さすがに、頭のいい人は質問することが違います。そして、この質問は、まさに私たち日本人が直面しているポイントを突いていたのです。

私はダライ・ラマに答えました。

私たちは、自分自身を「かけがえがない」と思えないのです。だから自己を確立することができず、いつも他人からの評価が気になり、他人に依存してしまっています。自分に自信がなく、他者からの評価で自分の価値が決まってしまうと思っているのです。そういう自信のない人間は、自信を何で持ちこたえなければいけないかといえば、金をこれだけ持っているとか、どういう地位にあるかとか、どんな学校に行っているかとか、そういったことになってしまいます。そうして、他の人を操作して自分にいい評価をもらうように仕向けたり、自分が他の人から評価をもらえるような方向に歩み寄っていきます。

そうやって、自分がたくさんお金をもうけたり、高い地位を得ていくということに執着せざるを得ない、自己が確立していなくて、自己信頼がない、自分に自信がない人のほうが、行動においてはものすごくエゴイスティックになる、利己的なふるまいになってしまうのです。

ダライ・ラマはその私の答えにまたしばし沈黙し、こう言われました。

「私たちが内なる価値について話すときには、ひとりひとりの個人が重要性を帯びてきます。ところがその逆に、お金であるとか、物質的なものについて言及するときには、社会とか、会社であるとか、そういったものが個人よりもずっと重要視されてしまうわけです。ですから、両親がいつもお金のことばかりを話しているような家庭においては、慈悲や思いやりといったひとりひとりの内なる価値、個々人が尊重される価値は重要性をなくし、大切なものではなくなってしまう。つまり、社会において、ひとりひとりの個人の重要性が失われていってしまうのです。だからそこでは、個人のアイデンティティが失われてしまうのではないでしょうか。その逆に、人が慈悲の大切さにもっと関心を払うようになると、個人というものがより重要性を帯びてくることになると思うのです」（『目覚めよ仏教！—ダライ・ラマとの対話』一八七ページ）

お金や物質的なことばかり話していると、社会や会社といったものが個人よりも重要視されてしまう。しかし、私たちが内なる価値、愛や思いやりにもっと関心を払うようになれば、一人ひとりの個人がより重要な社会になっていく。そう、ダライ・ラマはおっしゃったのです。

私たちのふつうの発想は逆だと思いませんか？　愛とか思いやりとか慈悲とか言われると、何か社会からの道徳的な押しつけだと思い、逆にお金やモノのことを考えると、そこには個人の自由があり、個人的な世界があると思うのではないでしょうか。

しかし、その発想が逆になってしまっているところに、私たちの大いなる誤解があるのです。

愛すること、それは自己を確立すること

押しつけられた愛や思いやりは、誰だってまっぴらごめんです。しかし、強制されるのではなく、自ら自分の中にある、愛や思いやりに気づく、そしてそれを自然に社会に投げかけていくこと、それは人間としてもっとも美しい行為なのではないでしょうか。

そして、自分の中に息づく愛と思いやりは、まさに交換不可能な「かけがえのない」ものなのです。反対に、私たちが「個人的」と誤解しているお金やモノの追求は、それを推し進めれば進めるほど、実は社会システムのほうが個人よりも重要になってしまうのです。システムが勝利し、私たち一人ひとりの個人はそれに従属してしまう、そして私たちは交換可能な存在になり、「かけがえのなさ」を見失ってしまうのです。

ダライ・ラマがおっしゃった逆説は、まさに私たちの社会の根本的な矛盾を突いたものでした。

愛すること、それは自己を確立することなのです。愛されたい、それだけでは私たちはいつまでも子どものままです。親や社会の目を、評価を気にして、自分を確立できないのです。愛されることから愛することへ、そこから自己の確立が始まるのです。

愛すること、それは自分の奥深くで、自分自身を揺り動かすエネルギーを発見することです。それはまさに私の「かけがえのなさ」の核心を発見することなのです。

自分自身に対する思いやりを

「愛されるより、愛する人になる」

この本を読まれているあなたは、既に「愛する」人かもしれません。

しかし、もしあなたが、以前の私のように、愛されることにばかり気をとられ、エネルギーを奪われているなら、ぜひ今日から愛することを始めてほしいと思います。

もちろん、もがいていた私のように、何を愛していいのか分からないという人も多いことでしょう。しかし、「私は何を愛して生きていくのか」と考えるだけで、確実にあなたと世界は変わっていきます。

私にしても、この本を書いていく中で再発見したのは、あの暗闇の時代にも、私には実は愛するものがあったのかもしれないということでした。なぜ私は、小さい頃から世界が平和であってほしいとか、弱いもののいじめがなくなるような世界にしたいと思っている子どもだったのでしょうか。そして、人生に全く元気のない時代にも、渋谷のハチ公前でビラを撒いていたりしたのでしょうか。そして友人に背中を押されるように、インドに貧乏旅行に出てしまう……。

自分が何であるのか全く分からなかった時代、落ち込むことばかり多くて、エネルギーがなくなってしまっていた時代、しかしその時代にもなぜかそんな行動を起こしていたのだ、ということに我ながら驚いたのです。私の中では「暗黒時代」のように思われていた時代にも、何かへの愛はあったのだ、そしてそれが私の人生を後押ししていたのではないか、それは、私にとって大きな発見でした。

「愛する」ことを始めること、それは自分自身を揺り動かすエネルギーを発見することです。それは容易に見つかるものではないかもしれません。長い時間かけて、自分を掘り起こすことが必要になるかもしれません。それも、自分の葛藤や不安と向き合いながらの体験になるかもしれません。

しかし、そうやって自分を掘り起こしたり、愛するものを見つけたりする、そうしたことにたっぷり時間を取れる社会が、ほんとうに豊かな社会なのではないでしょうか。自分を見つめるということ、それは短期間のうちに達成するべき業績のようなものではありません。

私のように留年しても、それが自分を見つめ直すいいきっかけになります。不登校になっても、その時間が宝になることもあるでしょう。慌ただしい仕事の合間にも、結婚や出産や子育ての間にも、そして退職して第二の人生を考え直す時にも、大らかな気持ちで、ゆったりとした時間を自分にプレゼントする、それが自分自身に対する最大の思いやりになるのではないでしょうか。そしてその時間は、まさに「かけがえのない」ものになるはずです。

私はどうしたら愛されるのか、ではなく、私は何を愛して生きるのか、をみんなが考えながら人生を歩んでいる社会は、素敵な社会です。私たち一人ひとりが、愛と思いやりを社会に投げかけるようになり、社会に愛の供給量が多くなれば、稀少な愛の取り合いもなくなることでしょう。

小さなことにキレて怒るのではなく、大きな愛からの怒りをもって社会を変えていけば、私たちは悲しみのうめきを喜びの声に変えていくことができるでしょう。私が愛することを始めれば、私は愛されるようになるのです。

私はこの本の冒頭にこう書きました。

私たち一人ひとりは誰もがかけがえのない存在だ。決して「使い捨て」なんかではない、と。

愛される人から愛する人になること。

そして、私たち自身への信頼、社会への信頼を取り戻すことから、すべてが始まるのです。

あとがき

書き始めたら止まらなくなり、すごい本になってしまいました。

自分の人生について、こんなに書くことになるとは、まったく予想外のことでした。しかし、自分の軌跡を振り返っていくなかで、気づいたことがあります。それは、決して上手とは言えない生き方ではあっても、そこから私が何を学んで歩んできたかを正直に書くことが、いま生きることに悩んでいる若い人たちや、第二の人生を歩もうとしている中高年の方々、そして「かけがえのなさ」を求めているすべての人たちに対する、心からの応援になるのではないか、ということでした。そして、本の体裁の良さをかなぐり捨てて、私自身のつたない歩みをここまで書くこととなってしまいました。

明日から恥ずかしくて外を歩けないのではないかと、少々心配ではありますが、私からの応援のメッセージを、ぜひ受け取っていただければと思います。

この本も、前著『生きる意味』に引き続き、そのきっかけは「こんな世の中ではいけない！」という憤りから生まれています。九・一一のテロ事件からのむき出しの暴力の連鎖、弱肉強食の風潮の中で、切り捨て、使い捨てられていく人間、そこからはぜったい私たちの豊かな未来は生まれるはずがない。それまで「癒しの上田さん」としてニコニコしていた私にも、時代の流れに対する大きな怒りが湧き上がってきたのです。けれども、私の中ではどうしても「怒り」を否定的な感情だと捉える気持ちがありました。怒りによって自分自身が傷ついてきたという、私の人生経験もそこには重ね合わされていたのでしょう。しかし、そこで出会ったのが、ダライ・ラマの「慈悲から生ずる怒り」、ということばでした。私はそのことばに大きな衝撃を受けました。怒ることも愛であり、癒しであることに気づいたのです。そして、そこからこの本は生まれました。

ぜひ、あなた自身の、そして社会の中の、信頼、かけがえのなさを取り戻す行動を始めてみてほしいと思います。それは最初は困難に見えるかもしれません。しかし、行動を始めてみれば、たくさんのことがあなたを力づけてくれるでしょう。何かを求めている人は、同じように何かを求めている人と出会います。求めるもののヒントをくれる人と出会います。その出会いは何よりもあなたの人生を輝かせます。その出会いがあなたに生きることの豊かさを実感させてくれるのです。

私の幼少時からの生い立ちは、講演などではお話しすることも多かったのですが、活字にするのはずっと気が引けていました。その背中をぐいっと押してくれたのは、講談社の岡部ひとみさんです。食いついたらぜったい離さないぞと、著者をおだて、すかし、怒らせ、励まし、とにかくいい本を創ろうとする、岡部さんの編集者魂に、私は動揺しつつも、感嘆させられたことでした。

実は、この本に書かれている以前の、二歳の私の姿は、永六輔さんの『赤坂檜町テキサスハウス』（朝日新聞社）に登場しています。乃木坂にあったアパート、通称テキサスハウス。写真家大竹省二、放送作家キノトール、三木鮎郎、女優草笛光子、若水ヤエ子、医師ドクトル・チエコ、ジャズ歌手笈田敏夫といった、三十歳前後の売り出し中の若手アーティストたちが住み、そこは演劇、映画、放送、音楽などに関わる若き人材のたまり場となり、高峰三枝子、江利チエミ、岸恵子、浜美枝といった人たちも足繁く通っていたそうです。永さんによれば、「モデル、女優、プロ野球選手、歌手、作家、ありとあらゆる業種の人がゴロゴロしていて、昼だか夜だかわからない暮らしをしていた」といいます。

その「アパートの前の大家の家」には大きなシェパード犬と「可愛い坊や」がいたそ

うです。それが私なのです。永さんの著書では、その坊やは私の従兄弟である、落語家の春風亭小朝だということになっていますが、実はその家に二歳まで住んでいたのは私なのでした。若きアーティストたちが自由奔放に生きていた「解放区」に、私の人生の出発点はあったのです。

私の手元には、大竹省二さんに撮っていただいた、「可愛い坊や」の写真があります。愛くるしい赤ちゃんの私、そして赤ん坊を抱き上げる幸せそうな母の姿が、その写真の中に残されています。

それから五十年近くの月日が経ちました。七十七歳の母は、いま中米のグアテマラで、スペイン語の語学留学中です。世界遺産に指定されているグアテマラの古都、アンティグア。以前この古都を訪れ、スペインとグアテマラの文化の融合した美しさに強く印象づけられた私は、一昨年母を招待して、この地を訪れました。母は瞬時にアンティグアに魅せられ、そこが中南米を旅行する若者たちがスペイン語を学んで、南米へと南下していく拠点だということを知って、「私もここでスペイン語を勉強する！」と宣言したのです。母は翌年に一ヵ月語学留学しました。そして一ヵ月のレッスンが終わると、また一年後に一ヵ月間のクラスを予約して日本に帰ってきたのでした。

仕事から引退してからは海外旅行三昧《ざんまい》の母でしたが、それにしても、七十六歳からスペイン語を学び出すとは。そして、シャワーも水しか出ないような宿に泊まりながら勉強して、また一年後のクラスを予約して日本に帰ってくるとは……。私は心底「この人には負けた！」と思いました。母は「私は語学を勉強するのが大好きなのよ」と言って、嬉々として出かけていきます。自分の人生は生きたいように生きる。人の目や評価からではなくて、自分が面白い、楽しいと思うことに生きる。乃木坂の若きアーティストたちの魂がそこには生き続けている、人生のひとつのお手本がそこにはあるのだ、ということに私は今になって気づいたのです。

この本を書く中で、ある時は愛と憎しみに引き裂かれ、混乱と葛藤の渦中にいた母と再び向き合い、母の人生に尊敬の念が湧き上がってきたことは、私にとって、真にかけがえのない体験でした。

そして、いつも心が弱くなりがちな私を、妻、陶子がどれだけ温かく支えてくれているか、三歳になった娘、音都《おと》の存在が、どれだけ「この社会を、愛と思いやりに満ちた社会にしていきたい」という勇気を与えてくれているか、そのことも深く実感することとなりました。

そんなこと最初からわかっているじゃないか、と言われそうです。たしかにわかってはいたのです。しかしこうやって本を一冊書き上げていく途上で、既にわかっていたと思えていたことが、より深さを増し、魂に浸透していくのを私は感じることとなりました。

私たちの「かけがえのなさ」、社会の中での「信頼」も、そうなのかもしれません。それは誰だってわかっていたことでしょう。しかし当然そこにあるはずだったもの、ずっと私たちを支え続けてきたもの、それがいま、危機に瀕しつつあるのです。わかりきっていると思っていたことを、しっかりと言い出す勇気が、今こそ私たちには求められているのではないでしょうか。

豊かな出会いを実感しながら生きていける未来にしたい、心からそう念じながら、この本を送り出したいと思います。

二〇〇八年二月

上田紀行

N.D.C.914　246p　18cm
ISBN978-4-06-287936-1

講談社現代新書　1936

かけがえのない人間《にんげん》

二〇〇八年三月二〇日第一刷発行　二〇一三年八月二一日第九刷発行

著者　上田《うえだ》紀行《のりゆき》　

発行者　髙橋明男
発行所　株式会社講談社
東京都文京区音羽二丁目一二—二一　郵便番号一一二—八〇〇一
電話　〇三—五三九五—三五二一　編集（現代新書）
〇三—五三九五—四四一五　販売
〇三—五三九五—三六一五　業務
装幀者　中島英樹／中島デザイン
印刷所　株式会社ＫＰＳプロダクツ
製本所　株式会社ＫＰＳプロダクツ
定価はカバーに表示してあります　Printed in Japan

「講談社現代新書」の刊行にあたって

教養は万人が身をもって養い創造すべきものであって、一部の専門家の占有物として、ただ一方的に人々の手もとに配布され伝達されうるものではありません。

しかし、不幸にしてわが国の現状では、教養の重要な養いとなるべき書物は、ほとんど講壇からの天下りや単なる解説に終始し、知識技術を真剣に希求する青少年・学生・一般民衆の根本的な疑問や興味は、けっして十分に答えられ、解きほぐされ、手引きされることがありません。万人の内奥から発した真正の教養への芽ばえが、こうして放置され、むなしく滅びさる運命にゆだねられているのです。

このことは、中・高校だけで教育をおわる人々の成長をはばんでいるだけでなく、大学に進んだり、インテリと目されたりする人々の精神力の健康さえもむしばみ、わが国の文化の実質をまことに脆弱なものにしています。単なる博識以上の根強い思索力・判断力、および確かな技術にささえられた教養を必要とする日本の将来にとって、これは真剣に憂慮されなければならない事態であるといわなければなりません。

わたしたちの「講談社現代新書」は、この事態の克服を意図して計画されたものです。これによってわたしたちは、講壇からの天下りでもなく、単なる解説書でもない、もっぱら万人の魂に生ずる初発的かつ根本的な問題をとらえ、掘り起こし、手引きし、しかも最新の知識への展望を万人に確立させる書物を、新しく世の中に送り出したいと念願しています。

わたしたちは、創業以来民衆を対象とする啓蒙の仕事に専心してきた講談社にとって、これこそもっともふさわしい課題であり、伝統ある出版社としての義務でもあると考えているのです。

一九六四年四月　野間省一

哲学・思想Ⅰ

66 哲学のすすめ——岩崎武雄
159 弁証法はどういう科学か 三浦つとむ
501 ニーチェとの対話——西尾幹二
871 言葉と無意識——丸山圭三郎
898 はじめての構造主義 橋爪大三郎
916 哲学入門一歩前——廣松渉
921 現代思想を読む事典 今村仁司 編
977 哲学の歴史——新田義弘
989 ミシェル・フーコー 内田隆三
1001 今こそマルクスを読み返す 廣松渉
1286 哲学の謎——野矢茂樹
1293 「時間」を哲学する——中島義道

1315 じぶん・この不思議な存在——鷲田清一
1357 新しいヘーゲル——長谷川宏
1383 カントの人間学——中島義道
1401 これがニーチェだ——永井均
1420 無限論の教室——野矢茂樹
1466 ゲーデルの哲学——高橋昌一郎
1575 動物化するポストモダン 東浩紀
1582 ロボットの心——柴田正良
1600 ハイデガー＝存在神秘の哲学——古東哲明
1635 これが現象学だ——谷徹
1638 時間は実在するか 入不二基義
1675 ウィトゲンシュタインはこう考えた 鬼界彰夫
1783 スピノザの世界——上野修

1839 読む哲学事典——田島正樹
1948 理性の限界——高橋昌一郎
1957 リアルのゆくえ——大塚英志 東浩紀
1996 今こそアーレントを読み直す——仲正昌樹
2004 はじめての言語ゲーム——橋爪大三郎
2048 知性の限界——高橋昌一郎
2050 超解読！ はじめてのヘーゲル『精神現象学』 竹田青嗣 西研
2084 はじめての政治哲学 小川仁志
2099 超解読！ はじめてのカント『純粋理性批判』 竹田青嗣
2153 感性の限界——高橋昌一郎
2169 超解読！ はじめてのフッサール『現象学の理念』——竹田青嗣
2185 死別の悲しみに向き合う——坂口幸弘
2279 マックス・ウェーバーを読む——仲正昌樹

Ⓐ

哲学・思想Ⅱ

13 論語——貝塚茂樹
285 正しく考えるために 岩崎武雄
324 美について——今道友信
1007 日本の風景・西欧の景観——オギュスタン・ベルク 篠田勝英 訳
1123 はじめてのインド哲学 立川武蔵
1150 「欲望」と資本主義——佐伯啓思
1163 「孫子」を読む——浅野裕一
1247 メタファー思考——瀬戸賢一
1248 20世紀言語学入門 加賀野井秀一
1278 ラカンの精神分析——新宮一成
1358 「教養」とは何か——阿部謹也
1436 古事記と日本書紀 神野志隆光

1439 〈意識〉とは何だろうか 下條信輔
1542 自由はどこまで可能か 森村進
1544 倫理という力——前田英樹
1560 神道の逆襲——菅野覚明
1741 武士道の逆襲——菅野覚明
1749 自由とは何か——佐伯啓思
1763 ソシュールと言語学——町田健
1849 系統樹思考の世界——三中信宏
1867 現代建築に関する16章 五十嵐太郎
2009 ニッポンの思想——佐々木敦
2014 分類思考の世界——三中信宏
2093 ウェブ×ソーシャル×アメリカ 池田純一
2114 いつだって大変な時代——堀井憲一郎

2134 いまを生きるための思想キーワード——仲正昌樹
2155 独立国家のつくりかた 坂口恭平
2167 新しい左翼入門——松尾匡
2168 社会を変えるには——小熊英二
2172 私とは何か——平野啓一郎
2177 わかりあえないことから 平田オリザ
2179 アメリカを動かす思想 小川仁志
2216 まんが 哲学入門——森岡正博 寺田にゃんこふ
2254 教育の力——苫野一徳
2274 現実脱出論——坂口恭平
2290 闘うための哲学書——小川仁志 萱野稔人
2341 ハイデガー哲学入門 仲正昌樹
2437 ハイデガー『存在と時間』入門——轟孝夫

宗教

心理・精神医学

331 異常の構造——木村敏
590 家族関係を考える——河合隼雄
725 リーダーシップの心理学——国分康孝
824 森田療法——岩井寛
1011 自己変革の心理学——伊藤順康
1020 アイデンティティの心理学 鑪幹八郎
1044 〈自己発見〉の心理学 国分康孝
1241 心のメッセージを聴く 池見陽
1289 軽症うつ病——笠原嘉
1348 自殺の心理学——高橋祥友
1372 〈むなしさ〉の心理学 諸富祥彦
1376 子どものトラウマ——西澤哲

1465 トランスパーソナル心理学入門——諸富祥彦
1787 人生に意味はあるか 諸富祥彦
1827 他人を見下す若者たち 速水敏彦
1922 発達障害の子どもたち——杉山登志郎
1962 親子という病——香山リカ
1984 いじめの構造——内藤朝雄
2008 関係する女 所有する男——斎藤環
2030 がんを生きる——佐々木常雄
2044 母親はなぜ生きづらいか——香山リカ
2062 人間関係のレッスン 向後善之
2076 子ども虐待——西澤哲
2085 言葉と脳と心——山鳥重
2105 はじめての認知療法——大野裕

2116 発達障害のいま——杉山登志郎
2119 動きが心をつくる——春木豊
2143 アサーション入門——平木典子
2180 パーソナリティ障害とは何か——牛島定信
2231 精神医療ダークサイド 佐藤光展
2344 ヒトの本性——川合伸幸
2347 信頼学の教室——中谷内一也
2349 「脳疲労」社会——徳永雄一郎
2385 はじめての森田療法 北西憲二
2415 新版 うつ病をなおす 野村総一郎
2444 怒りを鎮める うまく謝る 川合伸幸

文学

2 光源氏の一生──池田弥三郎
180 美しい日本の私──川端康成 サイデンステッカー
1026 漢詩の名句・名吟──村上哲見
1208 王朝貴族物語──山口博
1501 アメリカ文学のレッスン──柴田元幸
1667 悪女入門──鹿島茂
1708 きむら式 童話のつくり方──木村裕一
1743 漱石と三人の読者──石原千秋
1841 知ってる古文の知らない魅力──鈴木健一
2029 決定版 一億人の俳句入門 長谷川櫂
2071 村上春樹を読みつくす 小山鉄郎
2209 今を生きるための現代詩 渡邊十絲子
2323 作家という病──校條剛
2356 ニッポンの文学──佐々木敦
2364 我が詩的自伝──吉増剛造

趣味・芸術・スポーツ

620 時刻表ひとり旅――宮脇俊三
676 酒の話――小泉武夫
1025 J・S・バッハ――礒山雅
1287 写真美術館へようこそ――飯沢耕太郎
1404 踏みはずす美術史――森村泰昌
1422 演劇入門――平田オリザ
1454 スポーツとは何か――玉木正之
1510 最強のプロ野球論――二宮清純
1653 これがビートルズだ　中山康樹
1723 演技と演出――平田オリザ
1765 科学する麻雀――とつげき東北
1808 ジャズの名盤入門――中山康樹

1890 「天才」の育て方――五嶋節
1915 ベートーヴェンの交響曲――金聖響 玉木正之
1941 プロ野球の一流たち　二宮清純
1970 ビートルズの謎――中山康樹
1990 ロマン派の交響曲――金聖響 玉木正之
2007 落語論――堀井憲一郎
2045 マイケル・ジャクソン――西寺郷太
2055 世界の野菜を旅する　玉村豊男
2058 浮世絵は語る――浅野秀剛
2113 なぜ僕はドキュメンタリーを撮るのか――想田和弘
2132 マーラーの交響曲――金聖響 玉木正之
2210 騎手の一分――藤田伸二
2214 ツール・ド・フランス　山口和幸

2221 歌舞伎　家と血と藝　中川右介
2270 ロックの歴史――中山康樹
2282 ふしぎな国道――佐藤健太郎
2296 ニッポンの音楽――佐々木敦
2366 人が集まる建築――仙田満
2378 不屈の棋士――大川慎太郎
2381 138億年の音楽史　浦久俊彦
2389 ピアニストは語る　ヴァレリー・アファナシエフ
2393 現代美術コレクター　高橋龍太郎
2399 ヒットの崩壊――柴那典
2404 本物の名湯ベスト100　石川理夫
2424 タロットの秘密――鏡リュウジ
2446 ピアノの名曲――イリーナ・メジューエワ

日本語・日本文化

105 タテ社会の人間関係　中根千枝
293 日本人の意識構造――会田雄次
444 出雲神話――松前健
1193 漢字の字源――阿辻哲次
1200 外国語としての日本語――佐々木瑞枝
1239 武士道とエロス――氏家幹人
1262 「世間」とは何か――阿部謹也
1432 江戸の性風俗――氏家幹人
1448 日本人のしつけは衰退したか――広田照幸
1738 大人のための文章教室　清水義範
1943 なぜ日本人は学ばなくなったのか――齋藤孝
1960 女装と日本人――三橋順子
2006 「空気」と「世間」――鴻上尚史
2013 日本語という外国語　荒川洋平
2067 日本料理の贅沢――神田裕行
2092 新書　沖縄読本――下川裕治 仲村清司 著・編
2127 ラーメンと愛国――速水健朗
2173 日本人のための日本語文法入門――原沢伊都夫
2200 漢字雑談――高島俊男
2233 ユーミンの罪――酒井順子
2304 アイヌ学入門――瀬川拓郎
2309 クール・ジャパン!?　鴻上尚史
2391 げんきな日本論――橋爪大三郎 大澤真幸
2419 京都のおねだん――大野裕之
2440 山本七平の思想――東谷暁